l'autocuiseur
à toute vapeur

Julia MANZAT

CH – LUCERNE

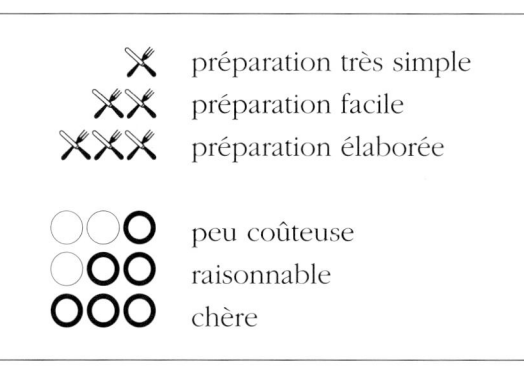

Photographies : SAEP/Annabelle ROSE, Frédérique CLÉMENT et Frédéric PERRIN.
Coordination : SAEP/Éric ZIPPER.
Composition et photogravure : SAEP/Arts Graphiques.
Impression : Union Européenne.

Conception : SAEP CRÉATION
68040 INGERSHEIM - COLMAR

Imprimé en France

Je suis goûteux et tendre à souhait, vous me dégustez en grand comité et je vous fais voyager sur un autre continent. Et comble de tout... je cuis en 30 minutes ! Qui suis-je ? Un couscous de viande aux légumes !

La cuisine à l'autocuiseur offre des avantages indéniables : elle permet de réaliser des recettes traditionnelles en un tour de main. La recette authentique du couscous impose habituellement 1 à 2 heures de cuisson. Désormais, vous pouvez gagner au moins la moitié du temps grâce à votre autocuiseur.

Mieux encore : les temps de cuisson vapeur peuvent être jusqu'à trois fois plus rapides que dans un faitout traditionnel. Ainsi, les haricots verts se cuisent en 7 minutes à la vapeur. Autrefois, il fallait plus de 20 minutes pour qu'ils soient fin prêts.

Le goût doit s'en ressentir, me direz-vous ? Eh bien, non, c'est exactement le contraire ! L'autocuiseur, hermétiquement fermé, permet aux aliments de conserver toutes leurs saveurs tout en ajoutant les senteurs des épices et des herbes aromatiques intégrées dans la préparation culinaire.

Les vitamines et les sels minéraux sont également bien préservés grâce au temps de cuisson réduit.

Les viandes sont tendres, les légumes fondent dans la bouche ou sont croquants à souhait. Tout réside dans le temps de cuisson !

Rapide, préservant les saveurs et les vitamines, la cuisson à l'autocuiseur est idéale pour contenter chaque apprenti cuisinier : des adeptes de la cuisine légère et diététique aux gourmands bons vivants, tout le monde y trouve son compte.

Alors, tous à votre autocuiseur et mijotez-vous de bons petits plats !

TABLEAU DE CUISSON DES ALIMENTS (EN MINUTES)

Légumes et féculents	à la vapeur	dans l'eau	rôti
Artichauts	18	15	
Asperges		5	
Aubergines entières	10		
en rondelles	4		
Betteraves en morceaux		25	
Bettes en morceaux	8		
Blé		14	
Brocolis en bouquets	3		
Carottes entières	12	10	
en rondelles	6	5	
Céleri en branches	15		
Céleri-rave entier	10		
en morceaux	8	7	
Champignons (rondelles)		3	
Chou blanc (morceaux)		10	
Choux de Bruxelles		10	
Chou-fleur en bouquets		4	
Chou vert en morceaux		7	
Chou rouge		25	
Courgettes entières	8	5	
en rondelles	4	3	
Endives entières	15	13	
Épinards	4		
Fenouil entier	15		
en morceaux	7		
Flageolets		38	
Haricots beurre		10	
Haricots blancs		10	
Haricots mi-secs		21	
Haricots verts	7		
Laitue		12	
Lentilles		14	
Maïs	8		
Marrons		18	
Navets entiers	10		
en morceaux	5	4	

Légumes et féculents	à la vapeur	dans l'eau	rôti
Oignons	11		
Petits pois	3		
Poireaux	13	8	
Pois cassés		17	
Pois chiches secs		19	
Poivrons	7		
Pommes de terre entières	12	8	
en morceaux	9	7	
Potiron en morceaux	8	7	
Riz	9	7	
Salsifis entiers		15	

Viandes et poissons	à la vapeur	dans l'eau	rôti
Anguille en morceaux		8	
4 cailles			8
Calmars			18
Canard de 1,500 kg			19
Coq de 1,500 kg			32
Darnes de poisson	5 à 6		
Daurade, maquereau, raie, truite entière			8
Dinde en morceaux			28
Faisan de 1,500 kg			21
Filets de poisson	4 à 5		
Gigot d'agneau de 1,200 kg			20
Lapin de 1,500 kg			19
Paupiettes de veau			10
Perdreaux			11
Pigeons			14
Pintade			22
Poule			46
Poulet de 1,200 kg			22
Queue de lotte de 1 kg			15
Rôti de bœuf de 1 kg			10
Rôti de chevreuil de 1 kg			28
Rôti de dinde de 1 kg			32
Rôti de poisson de 1 kg			10
Rôti de porc de 1 kg			25
Rôti de veau de 1 kg			20
Rouelle de thon de 1 kg			30

LES DIFFÉRENTS TYPES DE CUISSONS À L'AUTOCUISEUR

On peut pratiquement tout cuisiner dans un autocuiseur : des soupes, de la viande, du poisson, des légumes et de délicieux desserts. À la vapeur, à l'eau et en papillote pour les amateurs de cuisine diététique, en sauce, à l'étouffée et par braisage pour les inconditionnels des plats mijotés, les méthodes de cuisson sont multiples et variées. Ce qui les rassemble, c'est la chaleur, qui est supérieure à 100 °C, lorsque l'autocuiseur est sous pression.

À LA VAPEUR ET EN PAPILLOTE

La cuisson à la vapeur et en papillote est idéale pour la santé. Elle limite au maximum la perte en vitamine C, moins d'un tiers, et préserve les minéraux. Pourquoi ? Parce que les aliments mijotent non pas dans l'eau mais dans la vapeur et l'air enfermés dans l'autocuiseur étanche.

Posés dans le panier cuisson vapeur, les aliments cuisent très rapidement sous pression. Souvent deux à trois fois plus vite que dans un faitout traditionnel.

Les légumes, les pommes de terre et les poissons cuisent sans matière grasse et gardent toute leur saveur. Marinés ou saupoudrés d'épices et d'aromates, les aliments se dotent d'un subtil mélange de goûts pour le plus grand plaisir de nos papilles gustatives.

Dans le cas d'une cuisson à la vapeur, il est conseillé d'utiliser l'eau de cuisson pour des potages et consommés, afin de récupérer certains nutriments « tombés » dans le liquide.

La cuisson en papillote s'effectue dans une feuille de papier d'aluminium ou sulfurisé fermée.

Les bienfaits de ce mode de cuisson sont indéniables. Facile, rapide et sans odeur, la cuisson en papillote permet de préserver l'onctuosité et la saveur des légumes, des fruits et des poissons. Les aliments mijotent dans leur propre jus et s'imprègnent profondément des odeurs des épices, des herbes et des aromates ajoutés pour relever le goût.

À L'EAU, EN SAUCE ET À L'ÉTOUFFÉE

Comme la cuisson à la vapeur et en papillote, mais dans une moindre mesure, la cuisson à l'eau, en sauce et à l'étouffée minimise la perte de vitamines et de minéraux. Et ce grâce à la température élevée et au temps de cuisson réduit en autocuiseur.

Viandes, poissons et légumes sont immergés dans de l'eau ou un bouillon spécial, alcoolisé ou non.

Lorsque la cuisson débute dans de l'eau froide, le bouillon obtenu est savoureux comme un potage. Jetés dans de l'eau déjà bouillante, les légumes et autres aliments perdent moins de vitamines et de nutriments. Ils sont alors plus savoureux car ils ont été saisis et sont, du coup, moins diffus dans le liquide de cuisson. Cuits et passés rapidement sous un filet d'eau fraîche, les légumes conservent leur apparence colorée et croquante à souhait.

Quant aux viandes, elles perdent une partie de leurs graisses dans leur bouillon de cuisson. En refroidissant la préparation culinaire, la graisse se fige à la surface du liquide et peut être ôtée avec une louche. Il ne reste plus qu'à réchauffer le plat, allégé.

Leur bouillon de cuisson peut être consommé tel quel ou enrichi de féculents tels du riz ou des pâtes.

Rôtie ou braisée, la viande (ou le poisson) est saisie dans un peu de matière grasse. Elle cuit ensuite à l'étouffée, dans l'autocuiseur fermé, avec des légumes, des aromates et un peu de liquide.

La viande cuite reste juteuse et devient particulièrement tendre et moelleuse.

Enfin, notons que, lorsqu'un plat a été conçu sans ajout de graisse, il est plus digeste et plus sain pour notre organisme. Dans le cas d'une cuisson à l'étouffée, les aliments sont naturellement riches en eau pour pouvoir cuire dans leur propre liquide.

Soupe d'anguille aux pousses de bambou

1 citron / 500 g d'anguille en morceaux / 4 cuil. à soupe de nuoc-mâm / Une pincée de piment en poudre / 1 boîte de pousses de bambou / 2 cuil. à café de vinaigre / 2 cuil. à soupe de persil / 2 cuil. à soupe de ciboulette / Poivre.

Prép. : 15 min – Cuiss. : 15 min
Marinade : 5 min
4 pers.

Presser le jus de la moitié du citron.

Faire mariner pendant 5 minutes les morceaux d'anguille dans le nuoc-mâm avec le jus de la moitié du citron et le piment.

Faire de même avec deux poignées de pousses de bambou coupées en fines lamelles dans le jus de la boîte avec le vinaigre et le jus de l'autre moitié de citron.

Dans l'autocuiseur, verser 1,125 l d'eau avec le poisson et les pousses de bambou. Fermer avec le couvercle. Faire chauffer sur feu vif.

Quand la vapeur s'échappe, laisser cuire 15 minutes sur feu doux.

Éteindre le feu. Laisser la vapeur s'échapper par son conduit d'évacuation.

Lorsque la pression est descendue, ouvrir l'autocuiseur.

Ajouter 1 cuillerée à soupe de la marinade des pousses de bambou. Poivrer.

Laver et sécher le persil et la ciboulette. Hacher le tout.

Servir la soupe dans des bols. Saupoudrer de persil et de ciboulette.

Soupe d'artichauts crémeuse

4 artichauts / 5 cl de vinaigre blanc / 1 bouquet de persil / 4 cuil. à soupe de margarine / 4 cuil. à soupe de farine / 75 cl de lait / 4 cuil. à soupe d'huile d'olive / 1 cuil. à soupe de vinaigre balsamique / 1 cuil. à soupe de moutarde / Sel, poivre.

Prép. : 20 min – Cuiss. : 20 min   4 pers.

Équeuter et enlever les premières feuilles des artichauts. Laver les artichauts à l'eau vinaigrée.

Laver le bouquet de persil.

Dans l'autocuiseur, mettre les artichauts avec 75 cl d'eau bouillante salée et le bouquet de persil. Fermer avec le couvercle. Faire chauffer sur feu vif.

Quand la vapeur s'échappe, laisser cuire 15 minutes sur feu doux.

Éteindre le feu. Laisser la vapeur s'échapper par son conduit d'évacuation.

Lorsque la pression est descendue, ouvrir l'autocuiseur. Égoutter les artichauts. Réserver le bouquet de persil.

Enlever les feuilles et placer les plus souples sur le rebord des assiettes à soupe.

Éplucher les fonds d'artichaut.

Dans l'autocuiseur, faire fondre la margarine avec la farine. Bien mélanger. Verser la moitié du lait et faire cuire pendant 5 minutes sur feu doux jusqu'à ce que la sauce épaississe.

Mixer avec les fonds d'artichaut et le bouquet de persil. Mélanger avec le reste de lait préalablement chauffé. Saler et poivrer.

Dans un bol, mélanger l'huile, le vinaigre et la moutarde. Saler et poivrer.

Verser une goutte de cette sauce sur les feuilles d'artichaut.

Servir la soupe.

Champignons à la grecque

500 g de champignons de Paris / 2 oignons / 2 carottes / 2 tomates / 1 citron / 8 cuil. à soupe d'huile d'olive / 20 cl de vin blanc / 1 cuil. à soupe de bouquet garni en poudre / Sel, poivre.

Prép. : 15 min – Cuiss. : 5 min   4 pers.

Laver, sécher et couper les champignons en quatre.

Peler les oignons et les carottes et les couper en demi-rondelles.

Plonger les tomates quelques secondes dans de l'eau bouillante. Les peler et les hacher.

Laver, sécher le citron. Retirer le zeste.

Dans l'autocuiseur, faire revenir les oignons et les carottes avec 2 cuillerées à soupe d'huile et le zeste du citron. Verser le vin blanc. Ajouter le bouquet garni et les tomates.

Verser les champignons. Saler et poivrer. Bien mélanger pendant 2 minutes. Fermer avec le couvercle. Faire chauffer sur feu vif.

Quand la vapeur s'échappe, laisser cuire pendant 5 minutes sur feu doux.

Éteindre le feu. Laisser la vapeur s'échapper par son conduit d'évacuation.

Lorsque la pression est descendue, ouvrir l'autocuiseur.

Verser le tout dans un plat. Ajouter le reste d'huile. Bien mélanger. Réfrigérer.

Servir froid.

Œufs cocotte au cerfeuil

4 cuil. à café de cerfeuil haché / 10 cl de crème fraîche / 25 g de margarine / 4 œufs / Sel, poivre.

4 pers.   Prép. : 5 min – Cuiss. : 4 min

Mélanger le cerfeuil à la crème. Saler et poivrer. Répartir dans les ramequins beurrés. Casser les œufs par-dessus. Saler et poivrer. Couvrir de papier d'aluminium.

Poser les ramequins dans le panier cuisson vapeur préalablement mis en position haute dans l'autocuiseur contenant 2 cm d'eau. Faire chauffer sur feu vif.

Quand la vapeur s'échappe, laisser cuire pendant 4 minutes sur feu doux. Éteindre le feu. Laisser la vapeur s'échapper par son conduit d'évacuation.

Lorsque la pression est descendue, ouvrir l'autocuiseur.

Sortir les ramequins. Ôter les papiers d'aluminium les recouvrant.

Servir aussitôt avec une salade roquette.

Fromage de tête

1 oignon / 2 carottes / 1 blanc de poireau / 1/2 tête de cochon coupée en quatre et désossée en gros / 1 pied de porc coupé en deux / 1 l de vin blanc / 100 g de couenne / 2 cuil. à soupe de gros sel / 5 grains de genièvre / 2 clous de girofle / 1 bouquet garni / Deux pincées de poivre / Deux pincées de quatre-épices.

Prép. : 15 min – Cuiss. : 1 h   8 pers.

Peler l'oignon et les carottes. Les couper en rondelles.

Laver le blanc de poireau et le couper en deux.

Dans l'autocuiseur, mettre la tête de cochon rincée et le pied de porc avec les légumes. Verser le vin blanc. Ajouter les couennes, le gros sel, les grains de genièvre, les clous de girofle, le poivre, les épices et le bouquet garni. Fermer. Faire chauffer sur feu vif. Quand la vapeur s'échappe, laisser cuire pendant 1 heure sur feu doux.

Éteindre le feu. Laisser la vapeur s'échapper. Lorsque la pression est descendue, ouvrir l'autocuiseur.

Enlever les os de la viande. Couper la chair en morceaux. La mettre dans une terrine avec des rondelles d'oignon et de carottes. Couvrir de bouillon. Tasser.

Réfrigérer.

Jambon persillé

3 carottes / 3 oignons / 2 gousses d'ail / 1 poireau / 1 branche de céleri / 1 bouquet de persil / 1 kg de jambon demi-sel / 1 kg de jambonneau demi-sel / 150 g de couenne / 1 bouquet de thym et de laurier / 25 cl de vin blanc / 2 cuil. à soupe de vinaigre de cidre / 10 feuilles de gélatine / Poivre.

10 pers.   Prép. : 35 min – Cuiss. : 55 min

   Peler les carottes, les oignons et l'ail. Laver et sécher le poireau, le céleri et le bouquet de persil.
   Dans l'autocuiseur, mettre le jambon, le jambonneau, la couenne, les légumes, le bouquet de thym et de laurier et 1,5 l d'eau avec le vin blanc. Poivrer. Fermer. Faire chauffer sur feu vif. Quand la vapeur s'échappe, laisser cuire 55 minutes sur feu doux.
   Éteindre le feu. Laisser la vapeur s'échapper. Ouvrir l'autocuiseur. Faire réduire le bouillon. Enlever les légumes et le bouquet garni (les utiliser pour une soupe). Éteindre le feu. Mélanger avec le vinaigre et les feuilles de gélatine ramollies à l'eau froide.
   Couper le jambon et le jambonneau en morceaux. Hacher l'ail, le persil et la couenne.
   Dans une terrine, alterner une couche de viande, une couche de hachis, une couche de gelée. Terminer par une bonne couche de gelée. Réfrigérer.
   Servir très froid en tranches.

Pâté de campagne aux pruneaux

350 g de foie de porc / 350 g de poitrine de porc / 350 g de lard sans couenne / 2 gousses d'ail / 10 pruneaux / 1 œuf / 2 cuil. à soupe de cognac / 4 feuilles de laurier / 20 g de sel fin / 3 g de poivre moulu.

   Prép. : 20 min – Cuiss. : 30 min   4 pers.

Passer les viandes au hachoir manuel.

Peler et hacher l'ail.

Dénoyauter les pruneaux.

Mélanger les viandes, ajouter le sel et le poivre, l'ail et l'œuf avec le cognac.

Malaxer le tout pendant 10 minutes.

Dans un moule en aluminium, poser au centre les pruneaux, remplir avec le hachis et terminer avec les feuilles de laurier. Couvrir d'une feuille de papier d'aluminium.

Poser le moule dans le panier cuisson vapeur préalablement mis en position haute dans l'autocuiseur contenant 75 cl d'eau.

Faire chauffer sur feu vif.

Quand la vapeur s'échappe, laisser cuire pendant 30 minutes sur feu doux.

Éteindre le feu. Laisser la vapeur s'échapper par son conduit d'évacuation.

Lorsque la pression est descendue, ouvrir l'autocuiseur.

Sortir le moule. Enlever les feuilles de laurier. Poser un gros poids sur le pâté jusqu'à ce qu'il soit refroidi. Mettre à réfrigérer.

Servir avec des tranches de pain de campagne grillées.

Rillettes de canard

4 échalotes / 2 carottes / 1,500 kg de canard coupé en morceaux / 700 g de palette de porc en cubes / 4 feuilles de laurier / Sel, poivre.

 Prép. : 15 min – Cuiss. : 20 min   6 pers.

Éplucher les échalotes et les carottes et les couper en deux. Dans l'autocuiseur, mettre le canard sans le foie et la palette. Couvrir les viandes d'eau. Saler, poivrer et mettre le laurier et les échalotes avec les carottes. Fermer. Faire chauffer sur feu vif.

Quand la vapeur s'échappe, laisser cuire 20 minutes sur feu doux.

Éteindre le feu. Laisser la vapeur s'échapper. Ouvrir l'autocuiseur. Enlever les feuilles de laurier. Enlever la peau et les os de la viande. Écraser la chair à la fourchette.

Ajouter du bouillon pour éviter à la viande d'être trop sèche. Verser le tout dans une terrine. Tasser.

Réfrigérer.

Rillons

25 g de saindoux / 500 g d'échine de porc en cubes / 250 g de lard en cubes / 1 cube de bouillon / 1 feuille de laurier / Deux pincées de thym / Une pincée de paprika / Une pincée de poivre.

 Prép. : 15 min – Cuiss. : 55 min   4 pers.

Dans l'autocuiseur, faire fondre le saindoux et y faire revenir les cubes de porc et de lard pendant 3 minutes.

Verser 50 cl d'eau et le cube de bouillon. Ajouter le laurier, le thym et le paprika avec le poivre. Bien mélanger. Fermer. Faire chauffer sur feu vif. Quand la vapeur s'échappe, laisser cuire 55 minutes sur feu doux.

Éteindre le feu. Laisser la vapeur s'échapper.

Ouvrir l'autocuiseur. Verser le tout dans une terrine. Réfrigérer.

Servir avec une salade de pissenlit aux noix.

Crevettes et noix de pétoncle à l'estragon

30 noix de pétoncle / 2 échalotes / 300 g de champignons de Paris / 300 g de crevettes roses / 2 cuil. à soupe d'estragon / 3 cuil. à soupe d'huile d'olive / 20 cl de muscadet / 20 cl de crème fraîche / Sel, poivre.

Prép. : 15 min – Cuiss. : 3 min   6 pers.

Ouvrir les pétoncles, laver et réserver les noix.
Peler et hacher les échalotes.
Laver, sécher et émincer les champignons de Paris.
Décortiquer les crevettes roses.
Laver, sécher et ciseler l'estragon.
Dans l'autocuiseur, faire revenir les échalotes dans l'huile avec les champignons. Verser le muscadet. Ajouter les noix de pétoncle, les crevettes et l'estragon.
Saler et poivrer. Fermer avec le couvercle. Faire chauffer sur feu vif.
Quand la vapeur s'échappe, laisser cuire 3 minutes sur feu doux.
Éteindre le feu. Laisser la vapeur s'échapper par son conduit d'évacuation.
Lorsque la pression est descendue, ouvrir l'autocuiseur.
Servir les crevettes et les noix de pétoncle dans les assiettes.
Incorporer la crème au jus. Bien mélanger.
Verser la crème dans les assiettes.

Servir avec du riz blanc.

Moules au pastis

50 g d'échalotes / Un bouquet de persil / 15 cl de pastis / 2 kg de moules nettoyées / 150 g de crème fraîche / Poivre.

4 pers.   Prép. : 15 min – Cuiss. : 4 min

Peler et hacher les échalotes. Laver et sécher le persil.

Dans l'autocuiseur, verser le pastis et les moules avec les échalotes. Ajouter le persil.

Poivrer. Fermer avec le couvercle. Faire chauffer sur feu vif.

Quand la vapeur s'échappe, laisser cuire 4 minutes sur feu doux.

Éteindre le feu. Laisser la vapeur s'échapper par son conduit d'évacuation.

Lorsque la pression est descendue, ouvrir l'autocuiseur.

Ajouter la crème fraîche et bien mélanger.

Homards sauce à l'armagnac

300 g d'oignons / 2 carottes / 2 navets / 2 concombres / 2 zestes d'orange / 2 tomates / 30 g de margarine / 2 homards de 1 kg chacun / 4 cuil. à soupe d'armagnac / 1 cuil. à soupe de farine / 4 cuil. à soupe de crème fraîche / 4 branches de cerfeuil / Sel, poivre.

 Prép. : 25 min – Cuiss. : 20 min   4 pers.

Peler et hacher les oignons.

Peler les carottes, les navets, les concombres. Former de petites boules avec les légumes. Les réserver.

Jeter les zestes d'orange dans une casserole d'eau bouillante pendant 3 minutes. Égoutter et réserver.

Faire de même avec les tomates. Peler les tomates et les hacher.

Mettre la margarine dans l'autocuiseur, ajouter les zestes d'orange et les oignons. Poser les homards et verser 75 cl d'eau bouillante. Fermer avec le couvercle. Faire chauffer sur feu vif.

Quand la vapeur s'échappe, laisser cuire 7 minutes sur feu doux.

Éteindre le feu. Laisser la vapeur s'échapper par son conduit d'évacuation.

Lorsque la pression est descendue, ouvrir l'autocuiseur.

Retirer les homards.

Détacher les têtes et les queues des homards lorsqu'ils sont refroidis. Les décortiquer. Enlever le foie. Sortir la chair des pinces et de l'articulation, de la carapace et des queues. La couper en tranches et la réserver.

Dans l'autocuiseur, ajouter au liquide les perles de légumes avec les carapaces et les coffres des homards. Fermer avec le couvercle. Faire chauffer sur feu vif.

Quand la vapeur s'échappe, laisser cuire pendant 5 minutes sur feu doux.

Éteindre le feu. Laisser la vapeur s'échapper par son conduit d'évacuation.

Lorsque la pression est descendue, ouvrir l'autocuiseur. Jeter les carapaces et les coffres. Réserver les légumes en passant le jus de cuisson.

Remettre le jus de cuisson dans l'autocuiseur, ajouter les tomates et l'armagnac avec la farine. Saler et poivrer. Faire réduire. Verser la crème et bien mélanger.

Mettre la chair des homards dans des assiettes à soupe. Disposer autour les perles de légumes. Verser par-dessus la sauce.

Décorer avec le cerfeuil préalablement lavé et séché.

Bouillabaisse

2 rascasses / 2 lottes / 4 vives / 4 congres / 1 saint-pierre / 2 poireaux / 2 oignons / 1 gousse d'ail / 5 branches de persil / 5 tiges de fenouil / 5 tomates / 6 pommes de terre / 4 cuil. à soupe d'huile d'olive / 2 feuilles de laurier / 1 morceau d'écorce d'orange / 1 piment de Cayenne / 1 kg de poissons de roche / Deux pincées de safran en poudre / 20 tranches de pain / Sel, poivre.

Prép. : 25 min – Cuiss. : 25 min   4 pers.

Faire écailler et vider l'ensemble des poissons sauf les poissons de roche. Les rincer à l'eau.

Laver et couper les poireaux en quatre. Éplucher, laver et hacher les oignons et l'ail. Laver et sécher le persil et le fenouil. Laver, sécher et plonger quelques secondes les tomates dans de l'eau bouillante. Les éplucher et les concasser. Éplucher, laver et couper les pommes de terre en cubes. Les réserver.

Dans l'autocuiseur, faire revenir les légumes avec l'huile d'olive pendant 3 minutes. Ajouter le laurier, l'écorce d'orange, le piment et les poissons de roche. Faire revenir pendant 3 minutes. Saler et poivrer. Verser 3 l d'eau bouillante. Fermer avec le couvercle. Faire chauffer sur feu vif.

Quand la vapeur s'échappe, laisser cuire 5 minutes sur feu doux.

Lorsque la pression est descendue, ouvrir l'autocuiseur.

Enlever le fenouil et l'écorce d'orange. Presser le tout puis passer au chinois. Ajouter le safran.

Ajouter les pommes de terre et les poissons coupés en tronçons. Fermer avec le couvercle. Faire chauffer sur feu vif.

Quand la vapeur s'échappe, laisser cuire 8 minutes sur feu doux.

Éteindre le feu. Laisser la vapeur s'échapper par son conduit d'évacuation.

Lorsque la pression est descendue, ouvrir l'autocuiseur.

Griller les tranches de pain puis les frotter avec une gousse d'ail. Les poser dans une soupière. Ajouter le bouillon.

Dans un plat, mettre les poissons et les pommes de terre.

Servir avec une sauce rouille.

Bar aux champignons asiatiques

1 kg de bar vidé / 3 tranches de gingembre / 1 ciboule / 100 g de vermicelle de soja / 3 champignons parfumés / 3 champignons noirs / 1 oignon / 1 cuil. à soupe de vin de xérès / 1 cuil. à soupe d'huile d'arachide / 2 cuil. à soupe de nuoc-mâm / Deux pincées de sucre en poudre.

   Prép. : 20 min – Cuiss. : 20 min   4 pers.

Laver le bar sous l'eau froide, le sécher.

Faire des entailles sur les deux côtés du poisson. Saler.

Découper le gingembre et la ciboule en fines lamelles.

Faire tremper le vermicelle et les champignons pendant 15 minutes dans de l'eau tiède. Égoutter et couper en morceaux.

Peler l'oignon et l'émincer.

Mélanger le vin avec l'huile, ajouter le sucre et 1 cuillerée à soupe de nuoc-mâm.

Dans un moule en aluminium, poser le poisson et verser l'assaisonnement. Ajouter le gingembre dans les entailles avec la ciboule.

Dans une poêle, mettre le vermicelle avec 2 cuillerées à soupe d'eau. Couvrir et faire cuire pendant 3 minutes sur feu doux.

Ajouter les champignons, l'oignon et l'autre cuillerée à soupe de nuoc-mâm. Bien mélanger, recouvrir et laisser cuire pendant 2 minutes supplémentaires.

Poser le moule recouvert de papier d'aluminium dans le panier cuisson vapeur préalablement mis en position haute dans l'autocuiseur contenant 75 cl d'eau.

Faire chauffer sur feu vif.

Quand la vapeur s'échappe, laisser cuire 15 minutes sur feu doux.

Éteindre le feu. Laisser la vapeur s'échapper par son conduit d'évacuation.

Lorsque la pression est descendue, ouvrir l'autocuiseur.

Servir le bar dans un plat à poisson. Verser dessus le vermicelle et les champignons.

Quenelles de brochet à la noix de muscade

500 g de filet de brochet en morceaux / 4 œufs / Deux pincées de noix de muscade / 50 cl de crème fraîche / 125 g de margarine / Farine / Sel, poivre.

   Prép. : 20 min – Cuiss. : 3 min   6 pers.
Repos : 12 h

Passer le brochet 15 minutes au congélateur.

Mixer les œufs avec la noix de muscade, la crème fraîche, la margarine fondue et le brochet. Saler, poivrer.

Réfrigérer 12 heures.

Faire de fines quenelles sur une planche de travail farinée.

Dans l'autocuiseur, verser 2 l d'eau. Saler. Faire chauffer. Poser les quenelles dans le panier de l'autocuiseur. Plonger le panier dans l'eau frémissante. Fermer avec le couvercle. Faire chauffer sur feu vif.

Quand la vapeur s'échappe, laisser cuire 3 minutes sur feu doux. Éteindre le feu. Laisser la vapeur s'échapper.

Égoutter les quenelles. Les servir dans un plat avec une sauce Nantua (voir ci-dessous).

Sauce Nantua

50 g de margarine / 50 g de farine / 30 cl de lait / 1 boîte de bisque de homard / 4 cuil. à soupe de crème fraîche / 2 cuil. à soupe de porto / 2 cuil. à soupe de cognac / 1 cuil. à café de curry / Sel, poivre.

   Prép. : 5 min – Cuiss. : 20 min   6 pers.

Faire fondre la margarine dans une casserole. Ajouter la farine et mélanger pendant 2 minutes.

Verser le lait et mélanger jusqu'à ce que la sauce épaississe.

Verser la bisque de homard, la crème, le porto, le cognac et ajouter le curry. Saler et poivrer.

Cuire encore 6 minutes en remuant.

Filet de cabillaud aux poivrons en papillote

1 poivron rouge / 1 poivron vert / 1 poivron jaune / 4 cuil. à soupe d'huile d'olive / 4 filets de cabillaud / Sel, poivre.

4 pers.   Prép. : 15 min – Cuiss. : 10 min

Laver les poivrons, les sécher et les épépiner. Les couper en fines lamelles. Les faire tremper dans l'huile.

Déposer chaque filet de cabillaud sur une feuille de papier d'aluminium préalablement huilée et salée.

Ajouter les fines lamelles de poivrons. Poivrer. Fermer chaque feuille de papier d'aluminium.

Poser les papillotes dans le panier cuisson vapeur en position haute dans l'autocuiseur contenant 2 cm d'eau. Faire chauffer sur feu vif. Quand la vapeur s'échappe, laisser cuire 10 minutes sur feu doux. Éteindre le feu. Laisser la vapeur s'échapper.

Disposer les papillotes dans des assiettes. Laisser aux convives la surprise de les ouvrir.

Servir avec des tomates aillées et persillées.

Filet de colin au curry

2 cuil. à soupe de persil / 6 oignons / 2 gousses d'ail / 3 cuil. à soupe d'huile d'olive / 25 g de margarine / 1 cuil. à soupe de poudre de curry / 20 cl de vin blanc sec / 6 filets de colin / 250 g de crème fraîche / Sel, poivre.

Prép. : 15 min – Cuiss. : 5 min   6 pers.

Laver, sécher et hacher le persil. Éplucher et hacher les oignons et l'ail.

Dans l'autocuiseur, faire revenir les oignons et l'ail dans l'huile et la margarine. Ajouter le curry. Bien mélanger. Verser le vin blanc. Poser les filets de colin. Saler et poivrer. Fermer avec le couvercle. Faire chauffer sur feu vif.

Quand la vapeur s'échappe, laisser cuire 5 minutes sur feu doux.

Éteindre le feu. Laisser la vapeur s'échapper. Ouvrir l'autocuiseur.

Poser les filets de colin dans un plat.

Ajouter la crème dans l'autocuiseur. Faire chauffer sur feu vif. Fouetter jusqu'à épaississement. Verser la sauce sur les filets de colin. Saupoudrer de persil.

Congre breton rôti à la sauge

1,500 kg de pommes de terre / 4 oignons / 100 g de margarine / 1,500 kg de congre / 1 cuil. à café de feuilles de sauge séchées / 25 cl de muscadet / Sel, poivre.

6 pers.   Prép. : 15 min – Cuiss. : 10 min

Peler les pommes de terre et les oignons.

Dans l'autocuiseur, faire fondre la margarine et y faire dorer le congre en rondelles. Ajouter les pommes de terre et les oignons en rondelles. Saler et poivrer. Ajouter les feuilles de sauge. Verser le muscadet. Fermer avec le couvercle. Faire chauffer sur feu vif. Quand la vapeur s'échappe, laisser cuire 10 minutes sur feu doux.

Éteindre le feu. Laisser la vapeur s'échapper. Servir dans un plat à poisson.

Daurade au lait de coco et au citron vert

150 g de tomates / 2 poivrons / 150 g d'oignons / 2 cuil. à soupe de coriandre / 3 citrons verts / 3 gousses d'ail / 1,500 kg de daurade coupée en tronçons / 20 cl de lait de coco / 2 cuil. à soupe de concentré de tomates / 2 cuil. à soupe d'huile d'olive / Sel.

Prép. : 15 min – Cuiss. : 10 min   6 pers.
Marinade : 5 min

Couper finement les tomates et les poivrons avec les oignons.

Mélanger la coriandre ciselée avec le jus des citrons et l'ail haché. Saler. Y faire mariner les morceaux de daurade pendant 5 minutes.

Mélanger le lait de coco avec le concentré de tomates et l'huile d'olive.

Dans l'autocuiseur, poser la daurade, ajouter les tomates et les poivrons avec les oignons, puis verser le lait de coco avec le concentré de tomates et l'huile d'olive. Fermer avec le couvercle. Faire chauffer sur feu vif. Quand la vapeur s'échappe, laisser cuire 10 minutes sur feu doux.

Servir avec du riz blanc.

Sauté de lotte épicé et sucré

80 g de semoule de blé dur / 2 cuil. à soupe d'huile d'olive / 1 orange / 120 g de miel / 50 g de vinaigre balsamique / 1 cuil. à soupe de sauce de soja / 2 cuil. à soupe de graines de sésame / 10 graines de coriandre / Une pincée de gingembre en poudre / 4 cuil. à soupe de jus de raisin / 100 g de crème fraîche / 25 g de margarine / 600 g de filet de lotte en cubes / 200 g de grains de raisin blanc / Sel, poivre.

4 pers.   Prép. : 25 min – Cuiss. : 9 min
          Repos : 20 min

Cuire la semoule à la vapeur comme indiqué sur le paquet. Mélanger avec l'huile d'olive. Réserver au chaud.

Retirer le zeste de l'orange et le faire cuire dans de l'eau bouillante pendant 5 minutes.

Mélanger le miel avec le vinaigre et la sauce de soja, les graines hachées, le gingembre et le zeste d'orange. Laisser reposer pendant 20 minutes. Ajouter le jus de raisin et la crème. Bien mélanger.

Dans l'autocuiseur, faire fondre la margarine et faire revenir la lotte. Verser la sauce avec les grains de raisin épluchés et épépinés. Fermer. Faire chauffer sur feu vif.

Quand la vapeur s'échappe, laisser cuire 4 minutes sur feu doux.

Servir dans un plat avec la sauce et la semoule.

Maquereaux aux herbes vertes en papillote

3 échalotes / 1 bouquet de persil / 2 cuil. à soupe de ciboulette / 3 cuil. à soupe de margarine / 6 maquereaux vidés et lavés / 6 cuil. à soupe de vinaigre de cidre / 6 pommes de terre.

   Prép. : 25 min – Cuiss. : 18 min   6 pers.

Peler et hacher les échalotes, laver, sécher le persil et la ciboulette.

Mélanger avec la margarine. Réserver.

Couper les queues et les nageoires des poissons.

Déposer chaque maquereau sur une feuille de papier d'aluminium et ajouter du hachis d'herbes.

Verser 1 cuillerée à soupe de vinaigre de cidre sur chaque poisson.

Peler les pommes de terre et les couper en deux. Dans l'autocuiseur, mettre les pommes de terre. Verser 2 l d'eau. Fermer avec le couvercle. Faire chauffer sur feu vif.

Quand la vapeur s'échappe, laisser cuire 8 minutes sur feu doux.

Éteindre le feu. Laisser la vapeur s'échapper par son conduit d'évacuation.

Lorsque la pression est descendue, ouvrir l'autocuiseur.

Mettre une pomme de terre sur chaque feuille de papier d'aluminium. Fermer chaque feuille de papier d'aluminium de façon à former des papillotes.

Poser les papillotes dans le panier cuisson vapeur préalablement mis en position haute dans l'autocuiseur contenant 2 cm d'eau.

Faire chauffer sur feu vif.

Quand la vapeur s'échappe, laisser cuire 10 minutes sur feu doux.

Éteindre le feu. Laisser la vapeur s'échapper par son conduit d'évacuation.

Lorsque la pression est descendue, ouvrir l'autocuiseur.

Disposer les papillotes dans des assiettes.

Laisser aux invités la surprise de les ouvrir.

Pain de merlan aux tomates et aux pommes de terre

500 g de pommes de terre / 2 cuil. à soupe de persil / 2 l de bouillon de poisson / 250 g de filets de merlan / 30 g de margarine / 2 œufs / 2 cuil. à soupe de concentré de tomates / Sel, poivre.

4 pers.   Prép. : 15 min – Cuiss. : 23 min

Peler les pommes de terre et les couper en quatre.

Laver, sécher et hacher le persil.

Dans l'autocuiseur, mettre les filets de merlan et les pommes de terre dans le bouillon de poisson. Fermer avec le couvercle. Faire chauffer sur feu vif.

Quand la vapeur s'échappe, laisser cuire 8 minutes sur feu doux.

Éteindre le feu. Laisser la vapeur s'échapper par son conduit d'évacuation.

Lorsque la pression est descendue, ouvrir l'autocuiseur. Égoutter. Jeter le bouillon.

Dans une terrine, écraser les pommes de terre avec le poisson et mélanger avec la margarine, les œufs, le concentré de tomates et le persil. Saler et poivrer.

Dans un moule en aluminium beurré, verser la préparation. Couvrir de papier d'aluminium. Poser le moule dans le panier cuisson vapeur préalablement mis en position haute dans l'autocuiseur contenant 2 cm d'eau. Fermer.

Faire chauffer sur feu vif.

Quand la vapeur s'échappe, laisser cuire 15 minutes sur feu doux.

Éteindre le feu. Laisser la vapeur s'échapper par son conduit d'évacuation.

Lorsque la pression est descendue, ouvrir l'autocuiseur.

Servir en tranches dans les assiettes avec une sauce tomate maison.

Brandade de morue nîmoise

1 kg de morue salée / 8 pommes de terre / 24 cuil. à soupe de lait / 16 cuil. à soupe d'huile d'olive / 5 gousses d'ail pilées / Lamelles de truffes.

Prép. : 25 min – Cuiss. : 15 min   6 pers.
Dessalage : 2 jours

Faire dessaler la morue pendant 2 jours dans une bassine d'eau et sous un filet continu d'eau froide.

Égoutter le poisson et le sécher.

Peler les pommes de terre. Les couper en lamelles.

Mettre les lamelles de pommes de terre et la morue dans le panier cuisson vapeur de l'autocuiseur avec 2 cm d'eau. Fermer avec le couvercle. Faire chauffer sur feu vif.

Quand la vapeur s'échappe, laisser cuire 15 minutes sur feu doux.

Éteindre le feu. Laisser la vapeur s'échapper par son conduit d'évacuation.

Lorsque la pression est descendue, ouvrir l'autocuiseur.

Égoutter les pommes de terre et le poisson et enlever toutes les arêtes.

Faire tiédir dans deux petites casseroles le lait et l'huile.

Dans un saladier, écraser la morue et les pommes de terre avec une cuillère de bois. Ajouter l'ail.

Puis ajouter en alternance 2 cuillerées à soupe de lait et 2 cuillerées à soupe d'huile jusqu'à l'obtention d'un mélange crémeux. Bien malaxer. Ajouter quelques lamelles de truffe. Servir bien chaud.

Soufflé de saumon aux épinards

250 g d'épinards / 200 g de filets de saumon / 60 g de margarine / 60 g de farine / 50 cl de lait / 2 œufs / Sel, poivre.

Prép. : 15 min – Cuiss. : 30 min   6 pers.

Dans l'autocuiseur, verser 1 l d'eau avec les épinards. Fermer avec le couvercle. Faire chauffer sur feu vif.

Quand la vapeur s'échappe, laisser cuire 5 minutes sur feu doux.

Éteindre le feu. Laisser la vapeur s'échapper par son conduit d'évacuation.

Lorsque la pression est descendue, ouvrir l'autocuiseur. Égoutter et sécher au maximum les épinards. Les hacher.

Dans l'autocuiseur, mettre les filets de saumon dans l'eau. Fermer avec le couvercle. Faire chauffer sur feu vif.

Quand la vapeur s'échappe, laisser cuire 5 minutes sur feu doux.

Éteindre le feu. Laisser la vapeur s'échapper par son conduit d'évacuation.

Lorsque la pression est descendue, ouvrir l'autocuiseur. Égoutter. Jeter l'eau.

Dans l'autocuiseur, faire fondre la margarine, ajouter la farine, bien mélanger. Éteindre le feu et verser le lait. Bien mélanger. Rallumer le feu et faire cuire en tournant pendant 5 minutes sur feu doux. Éteindre le feu. Ajouter les jaunes d'œufs, le saumon émietté, les épinards, saler, poivrer puis ajouter les blancs d'œufs battus en neige.

Dans un moule en aluminium beurré, verser la préparation au maximum aux trois quarts du moule pour éviter tout débordement. Couvrir de papier d'aluminium. Ficeler. Poser le moule dans le panier cuisson vapeur préalablement mis en position haute dans l'autocuiseur contenant 2 cm d'eau.

Faire chauffer sur feu vif.

Quand la vapeur s'échappe, laisser cuire 15 minutes sur feu doux.

Éteindre le feu. Laisser la vapeur s'échapper par son conduit d'évacuation.

Lorsque la pression est descendue, ouvrir l'autocuiseur.
Servir sans attendre.

Saumon farci au fromage

4 carottes / 200 g de champignons de Paris / 1 poireau / 3 cuil. à soupe d'huile d'olive / 1 fromage frais ail et fines herbes / 1 saumon entier vidé et nettoyé / Sel, poivre.

4 pers.   Prép. : 25 min – Cuiss. : 17 min

Peler, laver, sécher et couper les carottes, les champignons, le poireau en minicubes et les faire revenir dans une poêle avec l'huile d'olive pendant 5 minutes. Saler et poivrer. Mêler les légumes au fromage et remplir le saumon de cette farce.

Poser le poisson sur du papier d'aluminium huilé et salé. Former une papillote.

Poser la papillote dans le panier cuisson vapeur en position haute dans l'autocuiseur contenant 2 cm d'eau. Faire chauffer sur feu vif.

Quand la vapeur s'échappe, laisser cuire 12 minutes.

Poser le saumon sur un grand plat spécial poisson.

Servir avec des pommes vapeur.

Pot-au-feu de la mer

3 rougets grondin / 500 g de lotte / 500 g de cabillaud / 3 vives / 6 filets de sole / 1 kg de moules / 500 g de carottes / 500 g de poireaux / 500 g de navets / 500 g de pommes de terre / 500 g de courgettes / 500 g de fenouil / 3 l de fumet de poisson / 12 langoustines / 12 étrilles / Sel.

Prép. : 30 min – Cuiss. : 15 min   6 pers.

Vider, écailler les poissons et enlever les têtes, les couper en darnes.

Couper la lotte en tronçons. Nettoyer les moules.

Laver, peler et couper en rondelles et en cubes les carottes, les poireaux, les navets, les pommes de terre, les courgettes et le fenouil.

Dans l'autocuiseur, mettre les légumes. Verser 2 l d'eau. Saler. Fermer avec le couvercle. Faire chauffer sur feu vif.

Quand la vapeur s'échappe, laisser cuire 10 minutes sur feu doux.

Éteindre le feu. Laisser la vapeur s'échapper.

Égoutter et réserver les légumes.

Dans une casserole, ouvrir les moules sur feu vif.

Dans l'autocuiseur, chauffer le fumet de poisson et ajouter le jus des moules filtré.

Mettre les tronçons de poissons et les filets de sole roulés, les langoustines et les étrilles.

Ajouter les légumes et les moules. Fermer. Faire chauffer sur feu vif.

Quand la vapeur s'échappe, laisser cuire 5 minutes sur feu doux.

Éteindre le feu. Laisser la vapeur s'échapper.

Lorsque la pression est descendue, ouvrir l'autocuiseur.

Servir dans un grand plat avec de la sauce aïoli à part.

Thon froid à l'espagnole

2 œufs durs / 100 g d'olives noires / 8 filets d'anchois / 1 kg de tomates / 200 g d'échalotes / 1 tranche de thon frais / 40 cl d'huile d'olive / 1 bouquet garni.

4 pers.   Prép. : 25 min – Cuiss. : 12 min

Hacher les œufs, les olives et les filets d'anchois.

Éplucher, épépiner et concasser les tomates. Les mélanger au hachis.

Peler et émincer les échalotes. Enlever la peau et l'arête centrale du thon.

Dans l'autocuiseur, faire sauter le thon dans l'huile d'olive avec les échalotes. Ajouter le hachis et le bouquet garni. Fermer. Faire chauffer sur feu vif.

Quand la vapeur s'échappe, laisser cuire 12 minutes sur feu doux.

Enlever le bouquet garni.

Répartir la fondue de tomate dans des assiettes.

Émietter le thon et l'ajouter à la fondue. Réfrigérer.

Servir avec des tranches de pain de campagne.

Sole farcie aux amandes et au persil

6 cuil. à café de persil / 2 oignons / 1 carotte / 1 citron / 9 filets de sole / 50 g de mie de pain / 5 cuil. à soupe de lait / 2 œufs / 140 g de margarine / 4 cuil. à café d'amandes effilées / 10 cl de vin blanc / 4 amandes entières / Sel, poivre.

Prép. : 25 min – Cuiss. : 5 min   4 pers.

Laver, sécher et hacher le persil.

Éplucher les oignons et la carotte.

Laver et sécher le citron. Presser le jus de la moitié du citron. En retirer le zeste.

Couper l'autre moitié en quarts de rondelles.

Mixer la chair d'un filet de sole. Ajouter la mie de pain, le lait chauffé, les jaunes d'œufs, les blancs battus en neige, 1 oignon haché et 20 g de margarine fondue. Saler et poivrer. Ajouter 4 cuillerées à café de persil et les amandes effilées.

Étaler de la farce sur chaque filet et les enrouler.

Ficeler. Les poser dans l'autocuiseur. Verser 10 cl d'eau et le vin blanc. Ajouter l'oignon restant et la carotte coupés en rondelles. Poser sur les soles 20 g de margarine. Fermer avec le couvercle. Faire chauffer sur feu vif.

Quand la vapeur s'échappe, laisser cuire 5 minutes sur feu doux.

Éteindre le feu. Laisser la vapeur s'échapper par son conduit d'évacuation.

Lorsque la pression est descendue, ouvrir l'autocuiseur.

Dans une casserole, faire fondre 100 g de margarine avec le zeste de la moitié du citron.

Servir les soles dans les assiettes, verser la sauce citronnée, décorer d'une amande, des quarts de rondelles de citron et parsemer du reste de persil.

Servir avec des pommes de terre vapeur.

Lapin aux pruneaux et aux figues

1 kg de lapin en morceaux / 50 cl de vin rouge / 1 cuil. à soupe de cognac / 3 cuil. à soupe d'huile / 2 oignons / 1 gousse d'ail / 2 branches de thym / 100 g de lard / 50 g de margarine / 1 cuil. à soupe de farine / 125 g de pruneaux / 125 g de figues séchées / Sel, poivre.

Prép. : 20 min – Cuiss. : 25 min   4 pers.
Marinade : 12 h

La veille, faire mariner les morceaux de lapin dans le vin rouge, le cognac, l'huile avec 1 oignon préalablement pelé et coupé en quatre ainsi que la gousse d'ail et le thym.

Le lendemain, peler et émincer l'oignon restant. Couper le lard en dés. Dans l'autocuiseur, faire revenir le lard avec l'oignon. Les réserver.

Faire revenir les morceaux de lapin égouttés dans 25 g de margarine pendant 5 minutes. Les réserver.

Verser le reste de la margarine avec la farine. Bien mélanger pendant 3 minutes. Verser la marinade. Saler et poivrer.

Ajouter les morceaux de lapin avec le lard et l'oignon.

Dénoyauter les pruneaux. Les ajouter avec les figues aux autres ingrédients. Fermer avec le couvercle. Faire chauffer sur feu vif.

Quand la vapeur s'échappe, laisser cuire 15 minutes sur feu doux.

Éteindre le feu. Laisser la vapeur s'échapper par son conduit d'évacuation.

Lorsque la pression est descendue, ouvrir l'autocuiseur.

Enlever le thym. Mettre les morceaux de lapin dans un plat avec les pruneaux et les figues. Passer la sauce et la verser sur le plat.

Lapin sauce moutarde

40 g d'échalotes / 10 g de persil / 1 kg de lapin en morceaux / 1 cuil. à soupe d'huile / 25 g de margarine / 15 g de moutarde / 10 cl de vin blanc / 50 cl de bouillon de volaille / 1 bouquet garni / 10 cl de crème fraîche / Sel, poivre.

4 pers.   Prép. : 15 min – Cuiss. : 25 min

Peler et émincer les échalotes. Laver et ciseler le persil.

Dans l'autocuiseur, faire revenir les morceaux de lapin salés et poivrés dans l'huile et la margarine.

Badigeonner les morceaux de moutarde avec un pinceau.

Dégraisser. Ajouter les échalotes, faire revenir pendant 5 minutes.

Verser le vin blanc puis le bouillon de volaille. Saler et poivrer.

Ajouter le bouquet garni. Fermer avec le couvercle. Faire chauffer sur feu vif.

Quand la vapeur s'échappe, laisser cuire 15 minutes sur feu doux.

Éteindre le feu. Laisser la vapeur s'échapper par son conduit d'évacuation.

Lorsque la pression est descendue, ouvrir l'autocuiseur. Enlever le bouquet garni.

Mettre les morceaux de lapin dans un plat.

Dégraisser la sauce puis ajouter la crème et la moutarde. Mélanger et réduire pendant 5 minutes.

Ajouter la sauce dans le plat et parsemer de persil ciselé.

Servir avec des pâtes.

Cailles au chou vert farcies

2 cuil. à café de persil / 1 tomate / 1 échalote / 1 chou vert / 100 g de foies de volaille / 4 tranches de lard / 1 cuil. à soupe de crème fraîche / 1 cuil. à soupe de cognac / 1 jaune d'œuf / 4 œufs de caille / 70 g de margarine / 4 cailles vidées et désossées / 4 cuil. à café de parmesan râpé / Sel, poivre.

Prép. : 25 min – Cuiss. : 25 min   4 pers.

Laver et sécher le persil et la tomate. Peler l'échalote.

Laver le chou, le couper en quatre. Le mettre dans l'autocuiseur avec 2 l d'eau salée. Fermer avec le couvercle. Faire chauffer sur feu vif.

Quand la vapeur s'échappe, laisser cuire 5 minutes sur feu doux.

Éteindre le feu. Laisser la vapeur s'échapper par son conduit d'évacuation.

Lorsque la pression est descendue, ouvrir l'autocuiseur. Égoutter le chou. Jeter l'eau.

Faire sauter les foies de volaille et le lard. Mixer avec le persil et l'échalote. Mélanger dans un saladier avec la crème, le cognac, le jaune d'œuf. Saler et poivrer.

Faire cuire les œufs de caille pendant 10 minutes dans une casserole d'eau bouillante salée. Les écaler puis les entourer de la farce. Remplir les cailles de la farce.

Mettre 20 g de margarine dans l'autocuiseur, y faire revenir les cailles pendant 5 minutes. Verser 10 cl d'eau avec la tomate coupée en rondelles et le chou. Fermer avec le couvercle. Faire chauffer sur feu vif.

Quand la vapeur s'échappe, laisser cuire 10 minutes sur feu doux.

Éteindre le feu. Laisser la vapeur s'échapper par son conduit d'évacuation.

Lorsque la pression est descendue, ouvrir l'autocuiseur.

Retirer les feuilles de chou, bien les égoutter et les poser dans les assiettes. Saupoudrer de parmesan. Ajouter une caille.

Incorporer au jus de cuisson le reste de margarine et bien mélanger. Verser la sauce dans les assiettes.

Dinde aux champignons et aux amandes

2 gousses d'ail / 1 oignon / 500 g de champignons / 500 g de carottes / 500 g de céleri / 2 cuisses de dinde découpées en lamelles / 3 cuil. à soupe de sauce de soja / 1 cuil. à soupe de margarine / 3 cuil. à soupe d'huile végétale / 50 cl de bouillon de volaille / 2 cuil. à soupe de fécule de maïs / 100 g de pois mangetout / 250 g d'amandes entières émondées / Sel, poivre.

   Prép. : 25 min – Cuiss. : 15 min   6 pers.
Repos : 15 min

Peler et hacher l'ail et l'oignon. Laver, sécher et émincer les champignons. Laver, sécher et peler les carottes et le céleri. Les couper en grosses lamelles.

Déposer les lamelles de viande dans un plat. Ajouter 2 cuillerées à soupe de sauce de soja et mélanger. Laisser reposer 15 minutes.

Dans l'autocuiseur, faire fondre la margarine. Ajouter 2 cuillerées à soupe d'huile végétale. Faire revenir l'oignon et l'ail jusqu'à transparence.

Ajouter le reste d'huile, les lamelles de viande et faire revenir pendant 2 minutes avec les champignons.

Verser le bouillon de volaille. Ajouter le céleri, les carottes et le reste de sauce de soja.

Délayer la fécule de maïs dans 2 cuillerées à soupe d'eau froide. L'ajouter à la sauce. Bien mélanger. Ajouter les pois mangetout et les amandes. Saler et poivrer.

Fermer avec le couvercle. Faire chauffer sur feu vif.

Quand la vapeur s'échappe, laisser cuire 10 minutes sur feu doux.

Éteindre le feu. Laisser la vapeur s'échapper par son conduit d'évacuation.

Lorsque la pression est descendue, ouvrir l'autocuiseur.

Accompagner de riz brun.

Fricassée de dinde aux marrons

1 kg de marrons / 250 g de petits oignons / 1 cuisse de dinde en morceaux / 50 g de margarine / 1 morceau de sucre / 50 cl de bouillon de volaille / Sel, poivre.

4 pers.   Prép. : 10 min – Cuiss. : 25 min

Faire une entaille dans l'écorce des marrons.
Dans l'autocuiseur, faire bouillir 2 l d'eau. Verser les marrons. Fermer avec le couvercle. Faire chauffer sur feu vif.
Quand la vapeur s'échappe, laisser cuire 5 minutes sur feu doux.
Éteindre le feu. Laisser la vapeur s'échapper par son conduit d'évacuation.
Lorsque la pression est descendue, ouvrir l'autocuiseur.
Jeter l'eau. Éplucher les marrons.
Peler les oignons.
Dans l'autocuiseur, faire revenir les oignons et les morceaux de viande dans la margarine pendant 5 minutes. Ajouter les marrons et le sucre. Verser le bouillon. Saler et poivrer. Fermer avec le couvercle. Faire chauffer sur feu vif.
Quand la vapeur s'échappe, laisser cuire 15 minutes sur feu doux.
Éteindre le feu. Laisser la vapeur s'échapper par son conduit d'évacuation.
Lorsque la pression est descendue, ouvrir l'autocuiseur.

Perdreaux farcis aux noix

1 carotte / 1 oignon / 100 g de raisins secs / 2 cuil. à soupe de cognac / 150 g de noix / 50 g de margarine / 4 perdreaux / 4 bardes de lard / 6 cl d'huile / 1 bouquet garni / Sel, poivre.

   Prép. : 20 min – Cuiss. : 10 min   4 pers.

Peler la carotte et l'oignon. Les couper en quatre.

Faire macérer les raisins dans le cognac.

Écraser les noix au pilon.

Les faire revenir sur feu doux avec une noix de margarine. Éteindre le feu.

Hacher les foies et les cœurs des perdreaux. Ajouter les raisins secs (réserver le cognac) et les noix. Saler et poivrer.

Farcir les perdreaux.

Ficeler chaque perdreau dans une barde de lard. Saler et poivrer.

Les faire revenir dans l'autocuiseur avec le reste de margarine et l'huile.

Ajouter la carotte, l'oignon et le bouquet garni. Fermer avec le couvercle. Faire chauffer sur feu vif.

Quand la vapeur s'échappe, laisser cuire 10 minutes sur feu doux.

Éteindre le feu. Laisser la vapeur s'échapper par son conduit d'évacuation.

Lorsque la pression est descendue, ouvrir l'autocuiseur.

Enlever les bardes de lard. Dégraisser la sauce. Ajouter le cognac de la macération des raisins secs.

Arroser les perdreaux de cette sauce.

Servir avec une purée de pommes de terre.

Poulet basquaise au jambon de Bayonne

2 poivrons rouges / 2 poivrons verts / 500 g de tomates / 2 oignons / 2 gousses d'ail / 120 g de jambon de Bayonne / 3 cuil. à soupe d'huile d'olive / 1 poulet coupé en morceaux / Sel, poivre.

   Prép. : 15 min – Cuiss. : 20 min   4 pers.

Laver et sécher les poivrons et les tomates.

Couper les poivrons et les hacher grossièrement après les avoir épépinés.

Plonger les tomates pendant 2 minutes dans une casserole d'eau bouillante. Les peler et les égrainer.

Peler et hacher les oignons et les gousses d'ail.

Couper le jambon en fines lamelles.

Dans l'autocuiseur, faire revenir dans l'huile les morceaux de poulet avec les gousses d'ail, les oignons et les poivrons pendant 5 minutes.

Ajouter les lamelles de jambon puis les tomates. Saler et poivrer. Fermer avec le couvercle. Faire chauffer sur feu vif.

Quand la vapeur s'échappe, laisser cuire 15 minutes sur feu doux.

Éteindre le feu. Laisser la vapeur s'échapper par son conduit d'évacuation.

Lorsque la pression est descendue, ouvrir l'autocuiseur.

Servir avec du riz basmati.

Poulet à l'anis étoilé

4 cuil. à soupe d'huile / 4 cuisses de poulet / 2 têtes d'anis étoilé (badiane) / 8 pommes de terre / 2 échalotes / 20 cl de bouillon de volaille / Sel, poivre.

4 pers.   Prép. : 15 min – Cuiss. : 15 min
          Macération : 12 h

La veille, faire macérer dans l'huile les cuisses de poulet avec les têtes d'anis étoilé. Saler et poivrer.

Le lendemain, éplucher et couper en rondelles les pommes de terre et les échalotes.

Dans l'autocuiseur, faire revenir les cuisses de poulet avec l'huile anisée.

Déposer au fond les pommes de terre et les échalotes. Poser les cuisses de poulet. Verser le bouillon. Fermer avec le couvercle. Faire chauffer sur feu vif.

Quand la vapeur s'échappe, laisser cuire 15 minutes sur feu doux.

Éteindre le feu. Laisser la vapeur s'échapper par son conduit d'évacuation.

Lorsque la pression est descendue, ouvrir l'autocuiseur.

Cassoulet toulousain

700 g de haricots secs blancs / 250 g de couenne de porc / 3 carottes / 1 oignon / 6 gousses d'ail / 2 tomates / 1 pomme de terre / 1 bouquet garni / 2 clous de girofle / 200 g de poitrine de porc salée en morceaux / 300 g d'échine de porc en morceaux / 100 g de graisse de canard / 1 andouillette de porc / 300 g de saucisses de Toulouse / Sel, poivre.

 Prép. : 30 min – Cuiss. : 45 min   6 pers.
Trempage : 12 h

Faire tremper les haricots secs pendant une nuit dans l'eau froide. Égoutter les haricots secs. Jeter l'eau.

Dans l'autocuiseur, mettre les haricots dans de l'eau bouillante pendant 5 minutes. Égoutter. Jeter l'eau.

Couper les couennes en larges lamelles. Peler les carottes, l'oignon, l'ail, les tomates et la pomme de terre. Émincer l'oignon, hacher l'ail et couper en cubes et rondelles le reste des légumes.

Dans l'autocuiseur, mettre les haricots avec 2,5 l d'eau, le bouquet garni et les clous de girofle. Ajouter la couenne et la poitrine de porc, l'ail et l'oignon, les carottes et la pomme de terre avec les tomates. Saler et poivrer. Fermer avec le couvercle. Faire chauffer sur feu vif.

Quand la vapeur s'échappe, laisser cuire 10 minutes sur feu doux.

Éteindre le feu. Laisser la vapeur s'échapper par son conduit d'évacuation.

Lorsque la pression est descendue, ouvrir l'autocuiseur.

Verser le contenu dans une soupière. Laver et essuyer l'autocuiseur.

Y faire revenir les morceaux d'échine de porc dans la graisse de canard avec l'andouillette et les saucisses pendant 5 minutes. Réserver les saucisses et l'andouillette.

Ajouter 1 l du bouillon à la viande. Fermer avec le couvercle. Faire chauffer sur feu vif.

Quand la vapeur s'échappe, laisser cuire 15 minutes sur feu doux.

Éteindre le feu. Laisser la vapeur s'échapper par son conduit d'évacuation.

Lorsque la pression est descendue, ouvrir l'autocuiseur.

Ajouter les haricots avec le reste du contenu de la soupière, les saucisses et l'andouillette.

Fermer avec le couvercle. Faire chauffer sur feu vif.

Quand la vapeur s'échappe, laisser cuire 15 minutes sur feu doux.

Éteindre le feu. Laisser la vapeur s'échapper par son conduit d'évacuation.

Lorsque la pression est descendue, ouvrir l'autocuiseur.

Disposer le cassoulet dans le plat creux en terre qui s'appelait autrefois « cassolo » (aujourd'hui « la cassole »). Poivrer.

Mettre au four à 180 °C (th. 6). Faire gratiner.

Servir bouillonnant dans la cassole.

Choucroute alsacienne

1 oignon / 2 carottes / 500 g de pommes de terre / 400 g de lard fumé / 1 palette de porc fumée / 100 g de saindoux / 2 kg de choucroute cuite / 6 clous de girofle / 1 bouquet garni / 20 baies de genièvre / 50 cl de vin blanc sec / 3 tranches épaisses de jambon / 1 saucisse fumée / 6 saucisses de Strasbourg / Sel, poivre.

Prép. : 25 min – Cuiss. : 40 min   6 pers.

Peler l'oignon, les carottes et les pommes de terre.

Mettre le lard et la palette dans l'autocuiseur rempli d'eau froide. Porter à ébullition. Égoutter au bout de 5 minutes.

Découper le gras du lard et le placer au fond de l'autocuiseur avec le saindoux.

Ajouter la moitié de la choucroute et l'oignon piqué des clous de girofle, les carottes coupées en quatre, le bouquet garni et les baies de genièvre.

Ajouter le lard de poitrine, la palette de porc fumée. Recouvrir de l'autre moitié de choucroute. Verser le vin blanc et assez d'eau pour arriver presque à la hauteur de la choucroute. Saler et poivrer.

Fermer avec le couvercle. Faire chauffer sur feu vif.

Quand la vapeur s'échappe, laisser cuire 30 minutes sur feu doux.

Éteindre le feu. Laisser la vapeur s'échapper par son conduit d'évacuation.

Lorsque la pression est descendue, ouvrir l'autocuiseur.

Ajouter les pommes de terre, les saucisses et le jambon coupé en trois. Fermer avec le couvercle. Faire chauffer sur feu vif.

Quand la vapeur s'échappe, laisser cuire 10 minutes sur feu doux.

Éteindre le feu. Laisser la vapeur s'échapper par son conduit d'évacuation.

Lorsque la pression est descendue, ouvrir l'autocuiseur. Retirer le bouquet garni, l'oignon et les baies de genièvre.

Présenter la choucroute dans un grand plat. Disposer la palette, la saucisse fumée et le lard coupés en tranches. Ajouter les saucisses de Strasbourg et le jambon.

Servir avec de la moutarde et le même vin blanc sec.

Couscous de viandes aux légumes

1 kg d'épaule d'agneau / 1 kg de poulet / 200 g de pois chiches / 200 g d'oignons / 4 tomates / 3 navets / 4 carottes / 3 poivrons / 4 courgettes / Huile d'olive / 1 cuil. à café de quatre-épices / 500 g de couscous fin / 1 cuil. à café de harissa / Sel, poivre.

6 pers.   Prép. : 25 min – Cuiss. : 30 min
            Trempage : 12 h

Couper les viandes en morceaux.

Faire tremper les pois chiches 12 heures dans l'eau.

Peler et hacher les oignons. Laver, sécher et couper en quatre les tomates. Peler les navets et les carottes. Laver, sécher et épépiner les poivrons. Laver et sécher les courgettes. Couper l'ensemble en tronçons.

Faire chauffer de l'huile dans l'autocuiseur. Faire revenir les viandes avec les oignons. Ajouter les tomates, les pois chiches, les navets, les carottes, le quatre-épices. Verser 1 l d'eau. Saler et poivrer.

Mélanger la semoule avec un peu d'eau froide, puis un peu d'huile d'olive. La mettre dans le panier cuisson-vapeur en position haute. Fermer avec le couvercle. Faire chauffer sur feu vif.

Quand la vapeur s'échappe, laisser cuire 20 minutes sur feu doux.

Mettre le couscous dans un saladier et détacher peu à peu les grains à l'aide d'une fourchette.

Ajouter les courgettes et les poivrons aux autres légumes. Remettre le couscous dans le panier. Fermer avec le couvercle. Faire chauffer sur feu vif.

Quand la vapeur s'échappe, laisser cuire 10 minutes sur feu doux.

Éteindre le feu. Laisser la vapeur s'échapper par son conduit d'évacuation.

Lorsque la pression est descendue, ouvrir l'autocuiseur.

Servir la semoule à part et les légumes avec les viandes et le bouillon en accompagnement.

Dans une saucière, verser du bouillon et mélanger avec la harissa.

Daube de bœuf provençale

2 carottes / 1 poireau / 3 oignons / 1 orange / 1 kg de joue de bœuf / 75 cl de vin rouge / 3 clous de girofle / 2 feuilles de laurier / 12 cl d'huile d'olive / 150 g de poitrine fumée / 1 bouquet garni / 50 g d'olives noires / Sel, poivre.

Prép. : 20 min – Cuiss. : 1 h 15 min   4 pers.
Marinade : 1 nuit

La veille, peler et couper les carottes, le poireau et 1 oignon en rondelles. Prélever le zeste de la moitié de l'orange préalablement lavée et séchée.

Faire macérer la viande de bœuf préalablement coupée en cubes dans le vin rouge avec les carottes, l'oignon, les clous de girofle, les feuilles de laurier, le poireau, le zeste d'orange et 2 cuillerées à soupe d'huile d'olive.

Le lendemain, égoutter la viande et réserver la marinade.

Peler et hacher les 2 oignons restants et les faire revenir avec 1 cuillerée à soupe d'huile d'olive. Ajouter la poitrine fumée coupée en petits cubes. Réserver la couenne.

Dans un autocuiseur, mettre 7 cl d'huile d'olive et faire revenir la viande pendant 5 minutes. Retirer la viande.

Ajouter dans l'autocuiseur la marinade avec 25 cl d'eau et le bouquet garni. Faire bouillir pendant 10 minutes. Ôter l'ensemble des légumes du bouillon.

Ajouter dans l'autocuiseur la viande avec les oignons et la poitrine fumée. Saler et poivrer. Fermer avec le couvercle. Faire chauffer sur feu vif.

Quand la vapeur s'échappe, laisser cuire 1 heure sur feu doux.

Éteindre le feu. Laisser la vapeur s'échapper par son conduit d'évacuation.

Lorsque la pression est descendue, ouvrir l'autocuiseur.

Ajouter les olives noires dénoyautées et coupées en deux.

Servir avec des pâtes et du parmesan.

Goulasch hongroise

4 tomates / 4 pommes de terre / 1 panais / 1 oignon / 120 g de lardons / 45 g de margarine / 900 g de cubes de paleron de bœuf / 50 cl de bouillon de bœuf / 1 gousse d'ail / 2 poivrons verts / 1 poivron rouge / 1 cuil. à café de carvi / 3 cuil. à soupe de paprika / Crème aigre / Sel, poivre.

4 pers.   Prép. : 20 min – Cuiss. : 1 h 05 min

Émonder les tomates, les concasser. Peler les pommes de terre et le panais et les couper en cubes.

Dans un autocuiseur, faire revenir l'oignon haché et les lardons dans la margarine pendant 2 minutes. Les réserver.

Ajouter les cubes de bœuf. Les faire revenir sur feu vif pendant 5 minutes.

Incorporer le bouillon de bœuf, l'oignon, les lardons, l'ail et les poivrons hachés, les tomates, les pommes de terre, le panais, le carvi et le paprika. Saler et poivrer. Fermer. Faire chauffer sur feu vif. Quand la vapeur s'échappe, laisser cuire 1 heure sur feu doux.

Lorsque la pression est descendue, ouvrir l'autocuiseur.

Servir la goulasch dans une assiette à soupe accompagnée des pommes de terre. Ajouter de la crème.

Blanquette de veau

800 g d'épaule de veau désossée / 75 g d'oignons / 75 g de carottes / 75 g de poireaux / 1 branche de céleri / 1 gousse d'ail / 1 clou de girofle / 1 bouquet garni / 125 g de petits oignons / 150 g de champignons de Paris / 1 citron / 50 g de margarine / 35 g de farine / 2 jaunes d'œufs / 5 cl de crème fraîche / 2 morceaux de sucre / Sel, poivre.

Prép. : 25 min – Cuiss. : 55 min   4 pers.

Couper la viande en cubes.

Peler les oignons, les carottes, les poireaux, le céleri, l'ail.

Faire bouillir les morceaux de viande pendant 5 minutes dans de l'eau. Les égoutter.

Dans l'autocuiseur, mettre les morceaux de viande. Verser 1 l d'eau froide. Saler et poivrer. Ajouter les légumes, le clou de girofle et le bouquet garni. Porter à ébullition et écumer. Fermer avec le couvercle. Faire chauffer sur feu vif.

Quand la vapeur s'échappe, laisser cuire 25 minutes sur feu doux.

Éteindre le feu. Laisser la vapeur s'échapper par son conduit d'évacuation.

Lorsque la pression est descendue, ouvrir l'autocuiseur. Enlever le bouquet garni. Mettre la viande et les légumes dans un plat. Couvrir.

Éplucher les petits oignons.

Laver, sécher et couper les champignons en deux. Les cuire dans une poêle avec le jus de la moitié du citron pressé et 15 g de margarine pendant 5 minutes. Couvrir.

Dans une casserole, faire fondre 35 g de margarine avec la farine. Bien mélanger sur feu doux pendant 3 minutes.

Dans l'autocuiseur, ajouter au jus de cuisson le mélange margarine-farine. Mélanger et faire cuire sur feu moyen jusqu'à épaississement de la sauce. Éteindre le feu.

Ajouter les jaunes d'œufs et la crème fraîche avec le sucre. Saler et poivrer.

Ajouter les morceaux de viande avec les champignons et les petits oignons. Mélanger.

Servir avec du riz blanc.

Rôti de veau aux tomates séchées

800 g de rôti de veau / 2 gousses d'ail / 500 g d'olives vertes / 3 cuil. à soupe d'huile d'olive / 2 oignons / 4 cuil. à soupe de tomates séchées / 18 cl de bouillon de légumes / Sel, poivre.

4 pers.   Prép. : 25 min – Cuiss. : 35 min

Piquer le rôti de veau avec l'ail et 100 g d'olives vertes dénoyautées.

Dans l'autocuiseur, faire revenir le rôti de veau dans l'huile d'olive. Retirer le rôti et faire revenir les oignons émincés avec les tomates séchées pendant 3 minutes.

Déposer le rôti de veau sur ce lit. Verser le bouillon de légumes. Ajouter le reste des olives dénoyautées. Saler et poivrer. Fermer. Faire chauffer sur feu vif. Quand la vapeur s'échappe, laisser cuire 25 minutes sur feu doux.

Lorsque la pression est descendue, ouvrir l'autocuiseur.

Servir le rôti coupé en tranches dans un plat.

Dégraisser le jus et le verser dans une saucière.

Ce plat se déguste avec des pommes de terre vapeur.

Rôti de porc au lait et aux champignons

2 gousses d'ail / 1 kg de rôti de porc / 3 oignons / 8 pommes de terre / 8 champignons de Paris / 2 cuil. à soupe d'huile / 1 bouquet de thym et de laurier / 1 l de lait / Sel, poivre.

Prép. : 20 min – Cuiss. : 55 min   4 pers.

Peler les gousses d'ail et les incorporer aux deux extrémités du rôti.

Peler les oignons et les émincer.

Peler les pommes de terre et les couper en rondelles.

Laver et sécher les champignons. Les émincer.

Dans l'autocuiseur, faire revenir dans l'huile le rôti et les oignons pendant 5 minutes. Saler et poivrer. Ajouter le bouquet de thym et de laurier.

Verser le lait. Fermer avec le couvercle. Faire chauffer sur feu vif.

Quand la vapeur s'échappe, laisser cuire 25 minutes sur feu doux.

Éteindre le feu. Laisser la vapeur s'échapper par son conduit d'évacuation.

Lorsque la pression est descendue, ouvrir l'autocuiseur.

Ajouter les pommes de terre et les champignons. Saler et poivrer. Fermer avec le couvercle. Faire chauffer sur feu vif.

Quand la vapeur s'échappe, laisser cuire 25 minutes supplémentaires sur feu doux.

Éteindre le feu. Laisser la vapeur s'échapper par son conduit d'évacuation.

Lorsque la pression est descendue, ouvrir l'autocuiseur. Enlever le bouquet d'herbes.

Servir dans un plat le rôti coupé en tranches entouré des pommes de terre et des champignons avec la sauce.

Sauté de porc à l'ananas

2 ananas mûrs / 2 poivrons verts / 2 poivrons rouges / 900 g d'échine de porc en morceaux / 4 cuil. à soupe d'huile de noix / 3 gousses d'ail / 4 échalotes / 1 cuil. à café de salam ulek / 2 cuil. à soupe de sauce de soja / 1 cuil. à café de sucre en poudre / 2 cuil. à soupe de fécule de maïs / Sel, poivre.

4 pers.   Prép. : 30 min – Cuiss. : 20 min

Enlever l'écorce et le cœur des ananas et couper la chair en lamelles. Laver, sécher, épépiner et couper les poivrons en lamelles.

Dans l'autocuiseur, faire revenir les morceaux de porc assaisonnés dans l'huile avec l'ail haché et les échalotes émincées pendant 5 minutes.

Ajouter les ananas et les poivrons avec le salam ulek, la sauce de soja, le sucre, la fécule délayée dans 2 cuillerées à soupe d'eau froide et 25 cl d'eau bouillante.

Fermer. Faire chauffer sur feu vif.

Quand la vapeur s'échappe, laisser cuire 15 minutes sur feu doux.

Servir avec du riz.

Tajine d'agneau aux fruits secs

250 g d'abricots secs / Une poignée de raisins secs / 8 dattes / 1 oignon / 1 bouquet de coriandre / 1 kg de gigot d'agneau désossé et en morceaux / 5 cuil. à soupe d'huile d'olive / Une pincée de cannelle / Une pincée de gingembre / 2 cuil. à soupe de miel / Sel, poivre.

Prép. : 20 min – Cuiss. : 25 min   4 pers.
Trempage : 30 min

Faire tremper les fruits secs dans de l'eau tiède après avoir dénoyauté les dattes.

Peler et émincer l'oignon.

Laver et sécher le bouquet de coriandre.

Dans l'autocuiseur, faire revenir les morceaux d'agneau avec l'oignon, le bouquet de coriandre, l'huile, la cannelle et le gingembre pendant 5 minutes. Saler et poivrer. Verser 50 cl d'eau. Fermer avec le couvercle. Faire chauffer sur feu vif.

Quand la vapeur s'échappe, laisser cuire 15 minutes sur feu doux.

Éteindre le feu. Laisser la vapeur s'échapper par son conduit d'évacuation.

Lorsque la pression est descendue, ouvrir l'autocuiseur.

Ajouter les fruits secs et le miel. Fermer avec le couvercle. Faire chauffer sur feu vif.

Quand la vapeur s'échappe, laisser cuire 10 minutes sur feu doux.

Éteindre le feu. Laisser la vapeur s'échapper par son conduit d'évacuation.

Lorsque la pression est descendue, ouvrir l'autocuiseur.

Au moment de servir, enlever le bouquet de coriandre.

Ce plat, à présenter dans un tajine, est excellent avec de la semoule.

Chou farci niçois

1 chou vert / 250 g d'épinards / 2 petites tomates / 1 gousse d'ail / 1 oignon / 50 g de margarine / 1 œuf / 350 g de chair à saucisse / 1 carotte / 1 bouquet garni / 7 cl de vin blanc / 10 cl de bouillon de volaille / Sel, poivre.

 Prép. : 30 min – Cuiss. : 55 min   4 pers.

Dans l'autocuiseur, verser 2 l d'eau salée. Faire bouillir.

Enlever le trognon et les premières feuilles du chou. Le laver à l'eau.

Le mettre dans l'autocuiseur. Fermer avec le couvercle. Faire chauffer sur feu vif.

Quand la vapeur s'échappe, laisser cuire 5 minutes sur feu doux.

Éteindre le feu. Laisser la vapeur s'échapper par son conduit d'évacuation.

Lorsque la pression est descendue, ouvrir l'autocuiseur. Jeter l'eau.

Remettre 2 l d'eau salée à bouillir. Incorporer les épinards. Quand la vapeur s'échappe, laisser cuire 5 minutes sur feu doux.

Éteindre le feu. Laisser la vapeur s'échapper par son conduit d'évacuation.

Lorsque la pression est descendue, ouvrir l'autocuiseur. Jeter l'eau.

Laver et sécher les tomates. Les plonger quelques secondes dans de l'eau bouillante. Retirer la peau. Peler l'ail et l'oignon. Les hacher (réserver la moitié de l'oignon) avec les tomates. Faire revenir dans une poêle le hachis dans la moitié de la margarine pendant 2 minutes. Éteindre le feu.

Le mêler à l'œuf et à la chair à saucisse avec les épinards. Saler et poivrer. Bien mélanger.

Remplacer le cœur du chou par de la farce. Mettre le reste de la farce en l'étalant entre chaque feuille de chou.

Ficeler le chou. Le faire revenir dans l'autocuiseur avec la margarine restante préalablement fondue.

Peler la carotte. La couper en cubes. La mettre avec la moitié de l'oignon réservé émincé dans la cocotte avec le bouquet garni, le vin blanc et le bouillon de volaille.

Fermer l'autocuiseur avec le couvercle. Faire chauffer sur feu vif.

Quand la vapeur s'échappe, laisser cuire 45 minutes sur feu doux.

Éteindre le feu. Laisser la vapeur s'échapper par son conduit d'évacuation.

Lorsque la pression est descendue, ouvrir l'autocuiseur.

Présenter le chou dans un plat avec le bouillon, après avoir enlevé la ficelle et le bouquet garni.

Oignons farcis au porc

4 gros oignons / 4 cuil. à soupe de lait / 50 g de mie de pain / 150 g de porc / 30 g de ciboulette / 40 g de margarine / 20 cl de bouillon de volaille / 2 cuil. à soupe de chapelure / Sel, poivre.

Prép. : 15 min – Cuiss. : 25 min   4 pers.

Dans l'autocuiseur, verser 2 l d'eau salée. Faire bouillir. Éplucher les oignons.

Les mettre dans l'autocuiseur. Fermer avec le couvercle. Faire chauffer sur feu vif.

Quand la vapeur s'échappe, laisser cuire 5 minutes sur feu doux.

Éteindre le feu. Laisser la vapeur s'échapper par son conduit d'évacuation.

Lorsque la pression est descendue, ouvrir l'autocuiseur. Jeter l'eau.

Retirer les oignons. Les creuser jusqu'à ce qu'il soit possible de bien les remplir de farce.

Faire chauffer le lait et le mêler à la mie de pain.

Hacher la viande avec la ciboulette préalablement lavée et séchée ainsi que la chair des oignons retirée. Saler et poivrer.

Faire revenir la farce pendant 5 minutes dans 20 g de margarine préalablement fondue dans une poêle. Éteindre le feu.

Mettre la farce dans les oignons.

Dans l'autocuiseur, mettre le reste de margarine avec le bouillon. Poser les oignons farcis.

Fermer l'autocuiseur avec le couvercle. Faire chauffer sur feu vif.

Quand la vapeur s'échappe, laisser cuire 15 minutes sur feu doux.

Éteindre le feu. Laisser la vapeur s'échapper par son conduit d'évacuation.

Lorsque la pression est descendue, ouvrir l'autocuiseur.

Navets farcis à l'agneau

150 g d'oignons / 30 g de persil / 60 g de riz / 250 g d'agneau / 2 cuil. à soupe de menthe / 1 cuil. à soupe de concentré de tomates / Une pincée de paprika / 10 g de margarine / 1 kg de navets / Sel, poivre.

6 pers. Prép. : 20 min – Cuiss. : 15 min

Éplucher et hacher les oignons. Laver et hacher le persil. Laver sous l'eau et égoutter le riz. Hacher l'agneau et la menthe préalablement lavée et séchée.

Dans un saladier, mélanger les hachis d'oignon, de menthe, de persil et d'agneau avec le riz, le concentré de tomates, les épices, 5 cl d'eau et la margarine. Saler.

Laver et éplucher les navets. Les creuser jusqu'à ce qu'il soit possible de bien les remplir de farce. Les farcir.

Les poser dans l'autocuiseur. Verser 35 cl d'eau.

Fermer l'autocuiseur avec le couvercle. Faire chauffer sur feu vif.

Quand la vapeur s'échappe, laisser cuire 15 minutes sur feu doux.

Éteindre le feu. Laisser la vapeur s'échapper par son conduit d'évacuation.

Lorsque la pression est descendue, ouvrir l'autocuiseur. Vérifier que les navets et le riz soient bien tendres.

Bettes à la tomme de Savoie

1 kg de bettes / 3 oignons / 1 cuil. à soupe d'huile / 25 cl de lait / Quatre pincées de noix de muscade / 2 jaunes d'œufs / 20 g de beurre / 200 g de tomme de Savoie / Sel, poivre.

 Prép. : 20 min – Cuiss. : 38 min 4 pers.

Laver et effiler les côtes des bettes. Les couper en tronçons de 3 cm de côté. Découper les feuilles.

Dans l'autocuiseur, verser 2 l d'eau. Ajouter les bettes. Fermer. Faire chauffer sur feu vif.

Quand la vapeur s'échappe, laisser cuire 8 minutes sur feu doux.

Lorsque la pression est descendue, ouvrir l'autocuiseur.

Vider l'eau et égoutter les bettes.

Éplucher et émincer les oignons. Les faire revenir avec l'huile dans l'autocuiseur. Verser le lait, ajouter la noix de muscade et les jaunes d'œufs. Saler et poivrer. Faire épaissir à feu doux en remuant.

Dans un plat à four beurré, mettre une couche de bettes, recouvrir de sauce et de tomme râpée. Renouveler l'opération jusqu'à la fin des ingrédients. Parsemer d'une bonne couche de tomme et enfourner 15 minutes à 180 °C (th. 6).

Flan de courgettes aux carottes et aux champignons

200 g de courgettes / 100 g de carottes / 100 g de champignons de Paris / 4 œufs / 120 g de crème fraîche / Deux pincées de noix de muscade / 25 g de margarine / Sel, poivre.

4 pers.   Prép. : 20 min – Cuiss. : 15 min

Couper les légumes en cubes. Émincer les champignons. Dans l'autocuiseur, verser 12 cl d'eau avec les dés de courgettes et de carottes. Fermer l'autocuiseur. Faire chauffer sur feu vif. Quand la vapeur s'échappe, laisser cuire 5 minutes sur feu doux.

Mixer en purée. Battre les œufs en omelette, ajouter la crème fraîche et la noix de muscade. Saler et poivrer. Incorporer ce mélange à la purée de légumes.

Ajouter les champignons sautés dans la margarine.

Répartir dans quatre ramequins. Couvrir chaque ramequin de papier d'aluminium.

Poser les ramequins dans le panier cuisson vapeur en position haute dans l'autocuiseur contenant 2 cm d'eau. Fermer. Faire chauffer sur feu vif. Quand la vapeur s'échappe, laisser cuire 10 minutes sur feu doux.

Sortir les ramequins. Ôter les papiers d'aluminium. Laisser reposer avant de démouler.

Endives au jambon

1 citron / 4 endives / 50 g de margarine / 50 g de farine / 75 cl de lait / 1 cuil. à soupe de crème fraîche / Deux pincées de noix de muscade / 4 tranches de jambon / Gruyère râpé / Sel, poivre.

   Prép. : 15 min – Cuiss. : 27 min   4 pers.

Presser le jus de la moitié du citron.

Laver les endives, enlever les premières feuilles et la base avec un couteau.

Dans un autocuiseur, verser 1/2 l d'eau sur les endives avec le jus de citron. Fermer l'autocuiseur avec le couvercle. Faire chauffer sur feu vif.

Quand la vapeur s'échappe, laisser cuire 12 minutes sur feu doux.

Éteindre le feu. Laisser la vapeur s'échapper par son conduit d'évacuation.

Lorsque la pression est descendue, ouvrir l'autocuiseur.

Dans une casserole, faire fondre la margarine, ajouter la farine et bien mélanger sur feu doux jusqu'à l'obtention d'une pâte brun clair.

Éteindre le feu et verser le lait en mélangeant avec un fouet pour les grumeaux. Allumer le feu et continuer à fouetter jusqu'à ce que le liquide devienne épais.

Ajouter la crème et la noix de muscade. Saler et poivrer. Éteindre le feu.

Rouler les endives dans les tranches de jambon, les mettre dans un plat à gratin et recouvrir avec la béchamel. Saupoudrer de gruyère râpé.

Enfourner pendant 15 minutes à 180 °C (th. 6).

Jardinière de légumes

1 botte d'oignons nouveaux / 200 g de haricots verts / 200 g de petits pois / 250 g de navets / 250 g de carottes / 250 g de pommes de terre nouvelles / 1 laitue / 2 cuil. à soupe d'huile d'olive / 1 bouquet de cerfeuil / 2 morceaux de sucre / 25 g de margarine / Sel, poivre.

4 pers.   Prép. : 15 min – Cuiss. : 10 min

Couper les tiges et les racines des oignons nouveaux. Laver, sécher, équeuter et couper en deux les haricots verts. Écosser les petits pois. Éplucher et couper en rondelles et en cubes les navets, les carottes et les pommes de terre. Laver, sécher et enlever les premières feuilles de la laitue. La couper en quatre.

Dans l'autocuiseur, verser l'huile et y faire revenir l'ensemble des légumes.

Verser 25 cl d'eau. Ajouter le bouquet de cerfeuil et le sucre. Saler et poivrer.

Fermer l'autocuiseur avec le couvercle. Faire chauffer sur feu vif.

Quand la vapeur s'échappe, laisser cuire 10 minutes sur feu doux.

Éteindre le feu. Laisser la vapeur s'échapper par son conduit d'évacuation.

Lorsque la pression est descendue, ouvrir l'autocuiseur.

Verser la jardinière de légumes dans un plat et mélanger avec la margarine.

Pommes de terre farcies aux cèpes

6 pommes de terre / 6 tranches de jambon cru / 250 g de cèpes / 1 cuil. à soupe d'huile / 100 g de crème fraîche épaisse / 1 bouquet de persil / 50 g de margarine / Sel, poivre.

 Prép. : 20 min – Cuiss. : 20 min   6 pers.

Éplucher les pommes de terre. Les creuser jusqu'à ce qu'il soit possible de bien les remplir de farce.

Couper les tranches de jambon en fines lanières.

Laver, sécher les cèpes et les couper en fines lamelles.

Dans une poêle, faire revenir dans l'huile les lamelles de jambon et les champignons pendant 5 minutes. Ajouter la crème et 2 cuillerées à soupe de persil haché préalablement lavé et séché. Saler et poivrer.

Farcir les pommes de terre de ce mélange.

Dans l'autocuiseur, faire fondre la margarine et poser les pommes de terre. Ajouter 20 cl d'eau.

Fermer l'autocuiseur avec le couvercle. Faire chauffer sur feu vif.

Quand la vapeur s'échappe, laisser cuire 15 minutes sur feu doux.

Éteindre le feu. Laisser la vapeur s'échapper par son conduit d'évacuation.

Lorsque la pression est descendue, ouvrir l'autocuiseur.

Ratatouille niçoise

2 gousses d'ail / 3 oignons / 4 courgettes / 3 aubergines / 1 poivron rouge / 1 poivron vert / 4 tomates / 10 cuil. à soupe d'huile d'olive / 1 cuil. à soupe de sucre / Une pincée de cumin / Une pincée de quatre-épices / 2 cuil. à soupe d'herbes de Provence / 1/2 verre de vin rouge / Sel, poivre.

4 pers.   Prép. : 15 min – Cuiss. : 25 min

Peler les gousses d'ail et les oignons. Hacher l'ail et émincer les oignons.

Laver et sécher les courgettes, les aubergines, les poivrons et les tomates. Épépiner les poivrons et les couper en fines lamelles.

Couper les courgettes en demi-rondelles, les aubergines en cubes et les tomates en quartiers.

Dans l'autocuiseur, faire revenir l'ail et les oignons dans l'huile avec le sucre, le cumin et le quatre-épices. Ajouter les poivrons avec un filet d'huile d'olive et faire revenir pendant 2 minutes. Faire de même avec les courgettes puis avec les aubergines et avec les tomates et les herbes de Provence. Saler et poivrer. Bien mélanger. Verser un demi-verre de vin rouge.

Fermer l'autocuiseur avec le couvercle. Faire chauffer sur feu vif.

Quand la vapeur s'échappe, laisser cuire 20 minutes sur feu doux.

Éteindre le feu. Laisser la vapeur s'échapper par son conduit d'évacuation.

Lorsque la pression est descendue, ouvrir l'autocuiseur.

Riz pilaf au curry et aux raisins secs

200 g de riz / 50 g de margarine / 1 échalote / 2 cuil. à café de poudre de curry / 50 g de raisins secs / Sel, poivre.

 Prép. : 10 min – Cuiss. : 6 min 4 pers.

Laver le riz sous l'eau plusieurs fois et l'égoutter.

Dans l'autocuiseur, faire fondre la margarine. Y faire revenir l'échalote émincée. Ajouter le riz. Bien mélanger jusqu'à ce que les grains deviennent translucides. Verser 40 cl d'eau. Ajouter la poudre de curry et les raisins secs. Saler et poivrer. Fermer l'autocuiseur. Faire chauffer sur feu vif. Quand la vapeur s'échappe, laisser cuire 6 minutes sur feu doux.

Riz pilaf au safran et au chorizo

200 g de riz / 2 cuil. à soupe d'huile / 1 gousse d'ail / 0,2 g de filament de safran / 150 g de chorizo.

 Prép. : 10 min – Cuiss. : 6 min 4 pers.

Laver le riz sous l'eau plusieurs fois et l'égoutter.

Dans l'autocuiseur, faire chauffer l'huile. Y faire revenir l'ail haché. Ajouter le riz. Bien mélanger jusqu'à ce que les grains deviennent translucides. Verser 40 cl d'eau. Ajouter le safran et le chorizo en tranches.

Fermer l'autocuiseur avec le couvercle. Faire chauffer sur feu vif. Quand la vapeur s'échappe, laisser cuire 6 minutes sur feu doux.

Bananes-choco à la noix de coco en papillote

2 bananes / 2 citrons / 8 cuil. à café de noix de coco râpée / 8 gros carrés de chocolat.

   Prép. : 10 min – Cuiss. : 6 min   4 pers.

Peler les bananes et les couper en deux dans le sens de la longueur.

Presser le jus des citrons. Le mélanger à la noix de coco.

Dans un carré de papier d'aluminium, poser une demi-banane. Verser du jus de citron à la noix de coco. Ajouter 2 carrés de chocolat.

Réunir les quatre coins du carré afin de fermer le papier et d'obtenir une papillote.

Renouveler l'opération quatre fois et poser les papillotes dans le panier cuisson vapeur préalablement mis en position haute dans l'autocuiseur contenant 2 cm d'eau.

Faire chauffer sur feu vif.

Quand la vapeur s'échappe, laisser cuire 6 minutes sur feu doux.

Éteindre le feu. Laisser la vapeur s'échapper par son conduit d'évacuation.

Lorsque la pression est descendue, ouvrir l'autocuiseur.

Disposer les papillotes dans des assiettes à dessert.

Laisser aux invités la surprise de les ouvrir.

Charlotte aux abricots et au kirsch

800 g d'abricots / 2 sachets de sucre vanillé / 275 g de sucre en poudre / 2 cuil. à soupe de kirsch / 20 g de beurre / 250 g de biscuits à la cuiller / 2 œufs / 25 cl de lait.

6 pers.   Prép. : 15 min – Cuiss. : 10 min

Laver, sécher et dénoyauter les abricots.

Les faire cuire en compote avec 5 cl d'eau et 1 sachet de sucre vanillé.

Ajouter 200 g de sucre et le kirsch. Bien mélanger.

Beurrer un moule à charlotte et tapisser le fond et les parois de biscuits à la cuiller. Alterner de compote et de biscuits.

Dans une casserole, faire bouillir le lait avec 75 g de sucre et le deuxième sachet de sucre vanillé.

Dans un récipient, battre les œufs avec le lait.

Verser la crème dans le moule. Couvrir de biscuits. Recouvrir le tout de papier d'aluminium.

Poser le moule dans le panier cuisson vapeur préalablement mis en position haute dans l'autocuiseur contenant 2 cm d'eau.

Faire chauffer sur feu vif.

Quand la vapeur s'échappe, laisser cuire 10 minutes sur feu doux.

Éteindre le feu. Laisser la vapeur s'échapper par son conduit d'évacuation.

Lorsque la pression est descendue, ouvrir l'autocuiseur.

Sortir la charlotte. Laisser refroidir puis mettre au réfrigérateur.

Clafoutis aux pêches et au cognac

500 g de pêches / 25 g de margarine / 3 œufs / 100 g de sucre en poudre / 1 sachet de sucre vanillé / 120 g de farine / 20 cl de lait / 2 cuil. à soupe de cognac / 20 g de beurre.

   Prép. : 15 min – Cuiss. : 30 min   4 pers.

Enlever la peau des pêches et les dénoyauter. Les couper en quatre.

Faire fondre la margarine dans une casserole sur feu doux.

Dans un récipient, mélanger les œufs avec les sucres, la margarine fondue et la farine. Verser le lait et le cognac. Bien mélanger.

Beurrer un moule à gâteau. Disposer les quartiers de pêche dans le fond. Verser la pâte. Recouvrir de papier d'aluminium.

Poser le moule dans le panier cuisson vapeur préalablement mis en position haute dans l'autocuiseur contenant 2 cm d'eau.

Faire chauffer sur feu vif.

Quand la vapeur s'échappe, laisser cuire 25 minutes sur feu doux.

Éteindre le feu. Laisser la vapeur s'échapper par son conduit d'évacuation.

Lorsque la pression est descendue, ouvrir l'autocuiseur.

Sortir le clafoutis. Laisser refroidir ou servir tiède.

Compote de fruits secs au calvados

200 g de dattes / 200 g de raisins secs / 200 g de figues séchées / 200 g d'abricots secs / 2 cuil. à soupe de calvados / 2 cuil. à soupe de miel / 3 cuil. à soupe de poudre d'amande.

4 pers.   Prép. : 10 min – Cuiss. : 11 min
          Trempage : 1 h 30 min

Dénoyauter les dattes. Faire tremper l'ensemble des fruits séchés pendant 1 heure 30 minutes.

Dans l'autocuiseur, verser 50 cl d'eau avec le calvados et le miel. Bien mélanger.

Ajouter la poudre d'amande puis les fruits. Fermer.

Faire chauffer sur feu vif.

Quand la vapeur s'échappe, laisser cuire 11 minutes sur feu doux.

Éteindre le feu. Laisser la vapeur s'échapper par son conduit d'évacuation.

Lorsque la pression est descendue, ouvrir l'autocuiseur. Laisser refroidir la compote. La mettre à réfrigérer.

La manger avec des gâteaux secs.

Crème multisaveurs

25 cl de lait / 40 g de sucre en poudre / 2 œufs / 2 cuil. à café de noix de coco râpée / 2 cuil. à café de cacao / 2 cuil. à café de café soluble / 1 sachet de thé à la vanille / 1 sachet de thé au caramel / 1 sachet de thé au citron.

 Prép. : 15 min – Cuiss. : 6 min 4 pers.

Dans une casserole, faire bouillir le lait avec le sucre.

Mélanger le lait sucré avec les œufs battus dans un récipient.

Verser la crème dans quatre ramequins en aluminium.

Dans le premier, mélanger la noix de coco et le cacao.

Dans le second, ajouter le café et le sachet de thé à la vanille.

Dans le troisième, faire infuser le sachet de thé au caramel.

Dans le dernier, laisser infuser le sachet de thé au citron.

Retirer au bout de 5 minutes les sachets de thé en les pressant fortement et bien mélanger chaque crème.

Couvrir chaque ramequin de papier d'aluminium.

Poser les ramequins dans le panier cuisson vapeur préalablement mis en position haute dans l'autocuiseur contenant 2 cm d'eau.

Faire chauffer sur feu vif.

Quand la vapeur s'échappe, laisser cuire 6 minutes sur feu doux.

Éteindre le feu. Laisser la vapeur s'échapper par son conduit d'évacuation.

Lorsque la pression est descendue, ouvrir l'autocuiseur.

Sortir les ramequins. Ôter les papiers d'aluminium les recouvrant.

Laisser refroidir puis mettre à réfrigérer.

Flan pommes-poires

250 g de pommes / 250 g de poires / 2 œufs / 40 g de sucre en poudre / 1 sachet de sucre vanillé / 25 g de margarine / 1 citron / 40 g de farine / 25 cl de lait.

 Prép. : 15 min – Cuiss. : 20 min   4 pers.

Éplucher les pommes et les poires. Les couper en cubes.

Mélanger les œufs avec les sucres, la margarine fondue, le zeste du citron et la farine. Verser le lait. Bien mélanger.

Beurrer un moule. Disposer les cubes de pomme et de poire dans le fond. Verser la pâte. Recouvrir de papier d'aluminium. Poser le moule dans le panier cuisson vapeur en position haute dans l'autocuiseur contenant 2 cm d'eau. Fermer. Faire chauffer sur feu vif. Quand la vapeur s'échappe, laisser cuire 20 minutes sur feu doux.

Sortir le moule. Laisser refroidir. Réserver au réfrigérateur.

Fruits au sirop

500 g de fruits / 200 g de sucre en poudre / 1 sachet de sucre vanillé / 2 cuil. à soupe de jus de citron.

 Prép. : 15 min – Cuiss. : 8 min   4 pers.

Laver, sécher et couper les fruits en quartiers lorsque c'est nécessaire (pommes, poires, pêches...).

Dans l'autocuiseur, verser 50 cl d'eau, les sucres et le jus de citron. Bien mélanger sur feu vif. Ajouter les fruits. Fermer l'autocuiseur. Quand la vapeur s'échappe, laisser cuire 8 minutes sur feu doux.

Verser les fruits au sirop dans un saladier. Laisser refroidir. Réserver au réfrigérateur.

Saupoudrer de cannelle au moment de servir si vos convives apprécient.

Pudding au whisky

300 g de raisins secs / 1 cuil. à café de cannelle / Une pincée de gingembre / Une pincée de noix de muscade / Une pincée de macis / 50 g d'amandes émincées / 5 cl de whisky / 150 g de margarine / 150 g de cassonade / 2 œufs / 90 g de zestes d'orange et de citron confits / 75 g de farine / 50 g de chapelure / 5 cl de bière brune / Une pincée de sel.

Prép. : 40 min – Cuiss. : 2 h 30 min   4 pers.
Repos : 2 semaines

Dans une terrine, laisser macérer les raisins avec les épices, les amandes et le whisky.

Mélanger la margarine avec la cassonade, ajouter les œufs, les zestes, la farine, la chapelure, la bière et le sel.

Bien mélanger la pâte jusqu'à ce qu'elle soit homogène. Ajouter les raisins.

Beurrer un moule à gâteau. Verser la pâte. Recouvrir de papier d'aluminium.

Poser le moule dans le panier cuisson vapeur préalablement mis en position haute dans l'autocuiseur contenant 4 cm d'eau.

Faire chauffer sur feu vif.

Quand la vapeur s'échappe, laisser cuire 1 heure 30 minutes sur feu doux.

Veiller à ce que la quantité d'eau soit suffisante.

Éteindre le feu. Laisser la vapeur s'échapper par son conduit d'évacuation.

Lorsque la pression est descendue, ouvrir l'autocuiseur.

Laisser reposer pendant 2 semaines à l'air libre.

Le jour du repas, réchauffer le pudding dans l'autocuiseur pendant 1 heure.

Démouler sur un plat à dessert et faire flamber avec un verre de whisky chaud.

Crème pour pudding

50 cl de lait / 80 g de sucre en poudre / 1 gousse de vanille / 45 g de fécule de maïs / 2 œufs / 1 boîte de fruits au sirop.

4 pers.   Prép. : 10 min – Cuiss. : 10 min

Réserver quelques cuillerées de lait froid.

Faire chauffer le lait avec le sucre et la gousse de vanille dans une casserole.

Délayer la fécule de maïs avec le lait réservé dans une terrine. Ajouter les œufs.

Verser le lait bouilli dessus et bien mélanger. Enlever la gousse de vanille.

Verser le tout dans la casserole. Faire cuire en mélangeant à l'aide d'une spatule en bois pendant 2 minutes. Laisser prendre au frais.

Servir seul ou avec des fruits au sirop pour accompagner le pudding.

Riz au lait à l'abricot, au miel et aux amandes

4 abricots secs / 200 g de riz / 1 citron / 100 cl de lait / 1 gousse de vanille / 2 cuil. à café de miel / 2 cuil. à soupe de poudre d'amande / 60 g de sucre en poudre.

Prép. : 15 min – Cuiss. : 10 min   6 pers.
Trempage : 12 h

Laisser tremper les abricots dans un bol d'eau pendant la nuit.

Laver le riz sous l'eau plusieurs fois et l'égoutter.

Presser le jus du citron.

Verser le lait dans l'autocuiseur. Ajouter la gousse de vanille. Faire chauffer sur feu vif.

Quand le lait bout, ajouter le riz. Fermer l'autocuiseur avec le couvercle.

Quand la vapeur s'échappe, laisser cuire 10 minutes sur feu doux.

Éteindre le feu. Laisser la vapeur s'échapper par son conduit d'évacuation.

Lorsque la pression est descendue, ouvrir l'autocuiseur. Enlever la gousse de vanille.

Dans un récipient, mélanger le miel à la poudre d'amande.

Dans un autre, verser le jus du citron mixé avec les abricots et le sucre.

Ajouter la moitié du riz au lait dans chaque récipient. Bien mélanger.

Verser dans six ramequins.

Laisser refroidir puis mettre à réfrigérer.

Soufflé aux clémentines

12 cl de jus et de pulpe de clémentines / 20 g de margarine / 20 g de fécule de maïs / 1 zeste de citron jaune râpé / 50 g de sucre en poudre / 3 œufs / Une pincée de sel.

6 pers.   Prép. : 20 min – Cuiss. : 20 min

Mixer le jus et la pulpe des clémentines.

Dans une casserole, faire fondre la margarine, ajouter le jus mixé, la fécule de maïs, le zeste de citron et le sucre. Bien mélanger jusqu'à ce que le liquide épaississe. Éteindre le feu.

Ajouter les jaunes d'œufs.

Battre les blancs en neige dans une terrine avec le sel. Les ajouter à la crème.

Dans un moule en aluminium beurré, verser la préparation au maximum aux trois quarts du moule pour éviter tout débordement. Couvrir de papier d'aluminium. Ficeler. Poser le moule dans le panier cuisson vapeur préalablement mis en position haute dans l'autocuiseur contenant 2 cm d'eau.

Faire chauffer sur feu vif.

Quand la vapeur s'échappe, laisser cuire 20 minutes sur feu doux.

Éteindre le feu. Laisser la vapeur s'échapper par son conduit d'évacuation.

Lorsque la pression est descendue, ouvrir l'autocuiseur.

Servir sans attendre.

TABLE DES RECETTES

Les soupes
Soupe d'anguille aux pousses de bambou … 8
Soupe d'artichauts crémeuse … 10

Les entrées
Champignons à la grecque … 12
Œufs cocotte au cerfeuil … 13
Fromage de tête … 14
Jambon persillé … 15
Pâté de campagne aux pruneaux … 16
Rillettes de canard … 18
Rillons … 18

Les coquillages et les crustacés
Crevettes et noix de pétoncle à l'estragon … 20
Moules au pastis … 21
Homard sauce à l'armagnac … 22

Les poissons
Bouillabaisse … 24
Bar aux champignons asiatiques … 26
Quenelles de brochet à la noix de muscade … 28
Sauce Nantua … 28
Filet de cabillaud aux poivrons en papillote … 29
Filet de colin au curry … 30
Congre breton rôti à la sauge … 31
Daurade au lait de coco et au citron vert … 32
Sauté de lotte épicé et sucré … 33
Maquereaux aux herbes vertes en papillote … 34
Pain de merlan aux tomates et aux pommes de terre … 35
Brandade de morue nîmoise … 38
Soufflé de saumon aux épinards … 40
Saumon farci au fromage … 41
Pot-au-feu de la mer … 42
Thon froid à l'espagnole … 43
Sole farcie aux amandes et au persil … 44

Les volailles
Lapin aux pruneaux et aux figues … 46
Lapin sauce moutarde … 47
Cailles au chou vert farcies … 48
Dinde aux champignons et aux amandes … 50
Fricassée de dinde aux marrons … 51
Perdreaux farcis aux noix … 52
Poulet basquaise au jambon de Bayonne … 54
Poulet à l'anis étoilé … 55

Les viandes
Cassoulet toulousain … 56
Choucroute alsacienne … 58
Couscous de viandes aux légumes … 59
Daube de bœuf provençale … 62
Goulasch hongroise … 63
Blanquette de veau … 64
Rôti de veau aux tomates séchées … 6
Rôti de porc au lait et aux champignons …
Sauté de porc à l'ananas …
Tajine d'agneau aux fruits secs …
Chou farci niçois … 7
Oignons farcis au porc … 7.
Navets farcis à l'agneau … 7.

Les légumes
Bettes à la tomme de Savoie … 74
Flan de courgettes aux carottes et aux champignons … 75
Endives au jambon … 76
Jardinière de légumes … 77
Pommes de terre farcies aux cèpes … 78
Ratatouille niçoise … 79
Riz pilaf au curry et aux raisins secs … 80
Riz pilaf au safran et au chorizo … 80

Les desserts
Bananes-choco à la noix de coco en papillote … 82
Charlotte aux abricots et au kirsch … 83
Clafoutis aux pêches et au cognac … 86
Compote de fruits secs au calvados … 87
Crème multisaveurs … 88
Flan pommes-poires … 90
Fruits au sirop … 90
Pudding au whisky … 92
Crème pour pudding … 93
Riz au lait à l'abricot, au miel et aux amandes … 94
Soufflé aux clémentines … 95

© Dormonval, 2004
Dépôt légal 3ᵉ trim. 2004 n° 2 813

Imprimé en U.E.